Este libro llega en el momento oportuno. La división entre lo secular y lo sagrado, entre el mundo y la iglesia, entre la sociedad y la fe, necesita ser abordada. Este trágico cisma forma parte del legado de la Ilustración y la Modernidad. La religión y la fe han sido empujadas hacia la esfera privada y han desaparecido de la vida pública. Los evangélicos piadosos se han sumado a ese juego, y con su huida del mundo a menudo incluso han profundizado la brecha entre la vida pública y la piadosa. Para mí, la Conferencia Trienal de ICETE 2018 en Ciudad de Panamá sobre "La divisoria sagrado-secular y la educación teológica" fue de inspiración, y estoy encantado de que el fruto de esa conferencia ahora esté documentado y sea accesible. Si la divisoria entre lo secular y lo sagrado ha de ser superada, hay que comenzar con la educación de la próxima generación de líderes. Este libro muestra el camino a seguir.

Bernhard Ott, PhD
Presidente del Consejo Europeo de Educación Teológica
Profesor y Supervisor de Investigación y Tésis Doctorales,
Escuela Europea de Cultura y Teología, Campus Korntal,
Columbia International University, Carolina del Sur, EEUU

En este libro los primeros capítulos ofrecen fundamentos bíblicos que invitan a la reflexión, seguidos por ejemplos prácticos que infunden aliento y, en los capítulos finales, ideas que invitan a la acción. Esta serie de escritos cuidadosamente elaborados desde múltiples perspectivas, junto con preguntas para reflexión y debate al final de cada capítulo, es el nuevo y útil recurso de ICETE para educadores teológicos y líderes de seminarios de alrededor del mundo. Este tomo aborda los problemas de la división entre lo sagrado y lo secular en los seminarios e impulsa hacia adelante la conversación sobre las funciones estratégicas de los seminarios en la promoción de la visión bíblica de Lausana de que toda la iglesia lleve todo el evangelio a todo el mundo.

Sutrisna Harjanto, PhD
Director,
Bandung Theological Seminary, Indonesia

Una de las áreas en las que, a nivel mundial, las instituciones de educación teológica superior deben realizar una clara labor de contextualización es en el ámbito de la desafortunada división entre las llamadas vocaciones "sagradas" y "seculares" en la comunidad evangélica. La mayoría de los creyentes evangélicos consideran que tienen una vocación santa y un ministerio sagrado de Dios sólo cuando trabajan en contextos eclesiales o relacionados con la iglesia. Si están involucrados en el ministerio pastoral, la predicación y algún tipo de actividad evangelística, dicen que son "llamados" y que su trabajo es "espiritual". En cambio, si alguien trabaja fuera del contexto eclesial, su trabajo no se considera ni un llamado ni espiritual. En "Secular, sagrado y más sagrado", Brooking, Branch y Villanueva abordan esta cuestión de frente y presentan cuatro llamados para cruzar esta divisoria pronunciados por diferentes voces, tanto del contexto eclesial como del así llamado contexto secular. Este libro es un lente que ofrece una nueva perspectiva al pueblo de Dios, sea cual sea la vocación en que se encuentre cada persona, para ver su trabajo como un llamado dado por Dios para participar en la expansión de su reino en todo el mundo. La dicotomía no bíblica entre la vocación secular y la sagrada debe ser desalentada. Este libro grita con fuerza y claridad que Dios nos ha llamado a ser sal y luz tanto en la iglesia como en el mercado. Recomiendo encarecidamente a los que se dedican a la educación teológica superior y a la comunidad evangélica que escuchen y hagan eco de estas voces claras y de los llamados urgentes a cruzar la divisoria entre lo secular y lo sagrado.

Frew Tamrat, PhD
Director,
Evangelical Theological College, Adís Abeba, Etiopía

Serie ICETE

Secular, sagrado, más sagrado

Langham
GLOBAL LIBRARY

No hay una pulgada cuadrada en todo el dominio de nuestra existencia humana sobre la cual Cristo, que es Soberano sobre todo, no clama: "¡Mio!"
Abraham Kuyper

Secular, sagrado, más sagrado

Cuatro llamados a cruzar la divisoria

Editado por

**Stuart Brooking, Paul Branch
y Federico Villanueva**

Editores de la Serie

Riad Kassis
Michael A. Ortiz

GLOBAL LIBRARY

© 2021 International Council for Evangelical Theological Education

Publicado en 2021 por Langham Global Library
Un sello editorial de Langham Publishing
www.langhampublishing.org

Langham Publishing y sus sellos editoriales son un ministerio de Langham Partnership

Langham Partnership
PO Box 296, Carlisle, Cumbria, CA3 9WZ, UK
www.langham.org

ISBNs:
978-1-83973-488-5 Print
978-1-83973-618-6 ePub
978-1-83973-620-9 PDF

Por la presente los editores declaran su derecho moral de ser identificados como Autor(es) de la sección del Editor General de la obra, de acuerdo con las secciones 77 y 78 del Acta de Derechos, Diseños y Patentes de 1988 (Copyright, Designs and Patents Act 1988). Por la presente los contribuidores declaran su derecho a ser identificados como Autor(es) de sus contribuciones bajo el mismo Acta.

Todos los derechos reservados. Ninguna parte de esta publicación puede ser reproducida, almacenada en un sistema de recuperación o transmitida, en cualquier formato o por cualquier medio, electrónico, mecánico, fotocopiado, grabación o de otra manera, sin el permiso previo por escrito de la editorial o de la Agencia de Derechos de Autor.

Las solicitudes para reutilizar contenidos de Langham Publishing son procesadas a través de PLSclear. Favor visitar www.plsclear.com para completar su solicitud.

A menos que se indique lo contrario, todas las citas bíblicas han sido tomadas de la Santa Biblia, NUEVA VERSIÓN INTERNACIONAL® NVI® © 1999, 2015 por Biblica, Inc.® Usado con permiso de Bíblica, Inc.® Reservados todos los derechos en todo el mundo.

Otras citas bíblicas tomadas de:
La Palabra (BLP) versión española copyright © Sociedad Bíblica de España, 2010. Utilizada con permiso.

Traducción en lenguaje actual (TLA) copyright © United Bible Societies, 2000. Utilizada con permiso.

La Biblia de las Américas © Copyright 1986, 1995, 1997 por The Lockman Foundation. Usadas con permiso. www.LBLA.com

Información de Publicación del Catálogo Bibliotecario Británico
El registro del catálogo para este libro está disponible en la Biblioteca Británica

ISBN: 978-1-83973-488-5

Diseño & arte de portada y libro: projectluz.com
Traducción al español: Jim Breneman

Langham Partnership respalda activamente el diálogo teológico y los derechos de publicación de los autores, pero no necesariamente avala las opiniones y opiniones expuestas aquí o en las obras a las que se hace referencia en esta publicación, ni garantizamos la corrección técnica y gramatical. Langham Partnership no se responsabiliza por los daños a terceros u otras propiedades como resultado de la lectura, el uso o la interpretación del contenido de esta publicación.

Contents

Prefacio ix

Introducción 1

Sección 1: Un llamado a la integración

1 Verdades integradoras: Salmo 86 11
   Chris Wright

2 Percepciones desde Proverbios sobre la divisoria sagrado-secular 23
   Shirley S. Ho

Sección 2: Un llamado a la virtud

3 Aportes de Proverbios aplicados a la educación teológica 47
   Lily K. Chua

4 Cruzando la divisoria sagrado-secular mediante la educación del carácter y la virtud 69
   Marvin Oxenham

5 La formación de la identidad pastoral en la educación teológica 87
   Marilyn Naidoo

Sección 3: Un llamado a la iglesia

6 La teología del trabajo y la Fundación Semillas de Mostaza 109
   Fletcher L. Tink y Oladotun Reju

7 La divisoria sagrado-secular y la misión de Dios 131
   Mark Greene e Ian Shaw

Sección 4: Un llamado desde el otro lado de la divisoria

8 ¿Dónde están los teólogos?: Una llamada desde la otra acera académica 149
   Terence Halliday

Epílogo: ICETE 2018 y luego COVID-19 169

Prefacio

Este libro se está editando y publicando durante la pandemia del COVID-19. Al rededor del mundo, esa realidad se siente como algo que acapara todo. Los orígenes del libro anteceden este tiempo de transición. Por tanto, como editores, hemos buscado reflejar ambos contextos. No hemos alterado los capítulos, pero el lector notará que en nuestra introducción, en las introducciones de las secciones, en las preguntas de estudio y en el epílogo, nos hemos esforzado por tomar en cuenta el nuevo contexto y permitir la interpretación de los escritos originales dentro de este entorno cambiado.

Durante el período de edición es imposible adivinar cuán desestabilizadora será la pandemia alrededor del mundo, o cuáles serán las nuevas realidades en el ámbito de la educación teológica. Esperamos que las cuestiones que exponemos sean de beneficio para seminarios alrededor del mundo, cualesquiera que sean los nuevos contextos políticos, económicos y ministeriales en los que se encuentran.

Los capítulos de este libro surgieron de la Conferencia Trienal de ICETE, llevada a cabo en diciembre de 2018 en la Ciudad de Panamá. El tema para el Congreso fue "La Divisoria entre lo Secular y lo Sagrado en la Educación Teológica", y reunió a varios cientos de participantes de todas partes del globo. La conferencia abarcó estimulantes sesiones plenarias y cuantiosos seminarios. Solo una porción de lo que transcurrió se refleja en este volumen.

Aplaudimos el trabajo de estos académicos y sus diversos aportes a partir de las Escrituras, la teología y la educación. Esperamos que ofrezcan un estímulo para que se procese una perspectiva integral del mundo de Dios en los seminarios. La meta de los autores, y la nuestra, es que la iglesia y los cristianos en todas partes sean fortalecidos para vivir bajo el señorío de Cristo en todas las áreas de sus vidas.

Stuart Brooking, Sydney
Paul Branch, Guatemala
Federico Villanueva, Manila

Introducción

Apología

Al concluir la Conferencia ICETE 2018 en Panamá, David Baer presentó sus reflexiones con la ayuda de un grupo representativo de oyentes con quienes había deliberado durante toda la conferencia. Sus palabras elocuentes y perspicaces dejaron a los participantes con mucho para contemplar. Su planteo más significativo, para la conferencia misma y para los editores de este volumen en particular, fue cuestionar la importancia del tema: ¿Es la divisoria entre lo secular y lo sagrado realmente un tema de preocupación para la iglesia?

Para algunos de los participantes de la conferencia, la divisoria secular-sagrado parecía un asunto muy de la década de los 90, una temática ya abordada en unos cuantos libros e incorporada a las enseñanzas de seminarios y líderes eclesiales. Como editores, hemos reflexionado sobre cuánto se ha avanzado en las últimas décadas hacia traspasar(cruzar) la divisoria y sobre cuánto aún queda por hacer en la iglesia en su continua interacción con esta importante temática. En este prefacio ofrecemos un argumento acumulativo a favor de mantener el tema dentro de nuestro diálogo cristiano, y de que siga siendo parte de nuestra agenda en lugar de ser un mero ítem más, tachado de la lista de asuntos pendientes para nuestros entornos de educación teológica. Por tanto, esperamos demostrar la pertinencia de esta nueva contribución que considera el desafío de la divisoria entre lo secular y lo sagrado desde una perspectiva fresca y desde una variedad de abordajes. Esperamos que este libro sea un llamado oportuno a educadores teológicos y a la iglesia global a abordar este asunto con renovada atención.

Nuestra apología abarca las áreas de reflexión teológica, análisis social y observaciones en torno a la educación teológica actual, especialmente en el Mundo Mayoritario.

Docetismo

La noción, en Cristología, de que Jesucristo es realmente divino y que solo aparenta ser humano tiene sus análogos en muchos aspectos de la vida cristiana. Ha demostrado ser una tentación duradera en diversas expresiones de la fe cristiana, en la Cristología propiamente dicha, aunque también en otras partes de la teología y en la vida práctica. Subyace la tendencia de algunas personas a ir tras una vocación superior y despreciar los afanes terrenales de la mayoría. Esta tendencia, con sus bien conocidas vertientes neoplatónicas, deriva en una devoción que tanto enfatiza la práctica de lo sagrado que demoniza lo secular como profano.

Al igual que el docetismo en la Cristología, la dicotomía sagrado-secular en la vida cristiana socava la correcta apreciación de la enseñanza de las Escrituras, que valora toda la creación y enfatiza una nueva creación, no un futuro espiritual incorpóreo.

La iglesia, por más de dos milenios, ha tenido que bregar con diversas formas de esta divisoria entre lo sagrado y lo secular, lo cual en ocasiones amerita una reflexión dentro de la educación teológica para corroborar que tanto el currículo explícito como el implícito estén alineados con la exposición bíblica de la integración entre lo sagrado y lo secular.

Materialismo, secularismo y globalización

Aunque el materialismo filosófico no es una corriente nueva, su aceptación en Occidente dio un salto a partir del Iluminismo. Para muchos se ha vuelto una postura de rigor. Uno de los impulsores de esta creciente hegemonía es el proceso de secularización que, además de socavar un compromiso más amplia con las realidades espirituales, incluso ha influenciado el camino de fe de los fieles. Una consecuencia práctica del secularismo dentro de la iglesia es que la experiencia de las personas con Dios se ha compartamentalizado, y por lo tanto es más difícil practicar la fe como forma de vida fuera de ámbitos específicamente cristianos. Una forma de conceptualizar este problema es mediante la división entre lo sagrado y lo secular. Los proponentes de este enfoque, luego, buscan reinfundirle valor espiritual a toda la vida y fomentan el compromiso de vivir intencionalmente para Cristo en todas las áreas de la vida.

A nivel práctico, en las décadas de 1970 y 1980, dentro de las iglesias de corte más litúrgico, hubo un esfuerzo por incorporar personas laicas al trabajo ministerial. Posteriormente, una crítica parcial a ese movimiento fue que eso también enfatizaba que el espacio sagrado era el ámbito más legítimo para todo el pueblo de Dios, y que desestimaba la importancia de su ministerio en el ámbito laboral y en el resto de la vida.

Este materialismo secular es una fuerza que está creciendo alrededor del mundo. Su origen en la cultura y el pensamiento occidentales tiene implicancias multiplicadoras en el Mundo Mayoritario, que por un lado es influenciado por Occidente y, por otro, sigue caminos de desarrollo similares a los de Occidente. En particular, la urbanización aglomera a personas en nuevos entornos residenciales y laborales que usualmente estarían separados geográficamente. Tales entremezcladuras pueden llevar a una reevaluación consciente de compromisos religiosos preexistentes; o cambios en los lazos sociales pueden derivar en un distanciamiento gradual de la vida de fe. Para personas cristianas esto puede significar que la cohesión de sus experiencias previas de fe ya no cuentan con el contexto social que las sustentaba, lo cual puede reducir su integración e introducir la brecha entre lo sagrado y lo secular.

Podemos tomar el ejemplo de los centros de llamadas de Bangalore, en la India. Muchas personas jóvenes, con buen manejo del inglés o de otro idioma europeo, trabajan juntas allí. Las castas se mezclan, las religiones también, e incluso hombres y mujeres jóvenes trabajan y tienen una vida social juntos. Los ingresos de jóvenes cristianos de repente son múltiples veces más que los ingresos de sus padres. Tienen dispositivos electrónicos, motocicletas, y trabajan horas extrañas. Saben del clima en Londres, o Nueva York o Sydney, para poder relacionarse con sus clientes. Hemos tenido más de una conversación con líderes cristianos sobre este fenómeno. Uno de los temas de estas conversaciones es la incapacidad de los pastores de estos jóvenes de ayudarles a navegar esta (relativamente) nueva prosperidad y estilo de vida con su crianza cristiana. La perspectiva de sus familias de origen y su "identidad de domingo" están apartadas de su experiencia entre semana. Esto es solamente un ejemplo del impacto de la globalización sobre el Mundo Mayoritario y su experiencia de la divisoria sagrado-secular.

El "rezago" curricular en el Mundo Mayoritario

Daremos una razón más a favor de la relevancia del tema de la Conferencia ICETE 2018 y de los aportes en este libro.

Cuando se participa de conferencias como ICETE, cada tres años, es fácil tomar por sentada la competencia de los seminarios líderes en el Mundo Mayoritario. Exponen los mejores oradores. Se muestran los casos ejemplares. Todos celebramos que así sea. Aquellos que han asistido a varios de los ICETE trienales pueden dar fe de la creciente competencia de la educación teológica en el Mundo Mayoritario usando solamente esa fotografía. Pero no es el panorama completo.

Resulta evidente, al visitar la variedad de seminarios en el Mundo Mayoritario, que hay una gran disparidad en muchos aspectos de la educación que ofrecen. Aunque la influencia curricular de Occidente está menguando, el cambio no es parejo. Una de las explicaciones del aforismo —tanto acertado como desacertado— que en África "el Cristianismo tiene una milla de anchura, pero una pulgada de profundidad" es que el currículo prestado de Occidente ha dominado la educación teológica. Se ha hecho una crítica similar en Filipinas, donde la frase "Cristianismo multinivel" (en inglés, "split-level Christianity") engloba la misma noción.

Allí donde se ignoran las realidades contextuales, y los modelos heredados de la era de los misioneros extranjeros marcan el patrón, allí algo como la divisoria sagrado-secular está en juego. Por supuesto que se verá diferente de cómo se expresa en Occidente. No obstante, es un problema.

Celebramos que haya tanto incentivo para que los seminarios del Mundo Mayoritario se vuelvan más contextualmente relevantes. De hecho, la anterior conferencia trienal, ICETE 2015, se enfocó en la tarea de investigar el contexto para cambiar el currículo[1]. No obstante, aún hay mucho que deben hacer los seminarios, de país en país, para avanzar en este proceso. Allí en el Mundo Mayoritario donde persisten las formas antiguas del currículo occidental, también están sembradas las semillas de la divisoria sagrado-secular, en detrimento de las iglesias locales.

---

1. S. M. Brooking, ed., *¿Está funcionando? Investigando el contexto para mejorar el plan de estudios: Un recurso para escuelas teológicas*, Serie ICETE (Carlisle: Langham Global Library, 2019 [con versiones en inglés y francés]).

Sumario

Por estas razones —una noción docética de la vida, la influencia del materialismo secular y el rezago en la revisión del currículo en el Mundo Mayoritario— aún tiene valor en este contexto hacer preguntas acerca de la división entre lo sagrado y lo secular. Esperamos que los aportes de los presentadores en ICETE 2018, algunos de los cuales se capturan en este volumen, sean una guía para la reflexión y la respuesta en los seminarios de la comunidad ICETE y, por cierto, más ampliamente.

Hemos dispuesto los capítulos en cuatro secciones en torno al tema de "Llamados"". Todos están de alguna manera dirigidos a los seminarios. Cada sección cuenta con su propia introducción que bosqueja el valor de cada capítulo, por lo cual no se prefiguran aquí.

- Sección 1: Un llamado a la integración
- Sección 2: Un llamado a la virtud
- Sección 3: Un llamado a la iglesia
- Sección 4: Un llamado desde el otro lado de la divisoria

Cada capítulo termina con preguntas para reflexión y discusión, e incluye sugerencias para su uso en diversos contextos. Imaginamos que algunas preguntas serán usadas para la reflexión personal de los miembros de la facultad de profesores y los líderes del seminario. Otras son más idóneas para conversaciones grupales y podrían servir como base para actividades continuas de desarrollo profesional, por ejemplo, digamos, en reuniones semanales de la facultad o como parte de un Día de Desarrollo Profesional.

Esperamos que encuentre valor en esta contribución a la temática de la divisoria sagrado-secular, que le ayude a usted y a su seminario a moverse hacia una mejor integración de la fe, tanto para usted mismo como para sus estudiantes, y que les equipe en su ministerio en la iglesia. Anhelamos que los líderes que Dios ha llamado sean equipados para ministrar a todas las áreas de la vida de las personas, a fin de que Cristo sea todo en todos.

Sección 1

Un llamado a la integración

Iniciamos este libro con dos trabajos exegéticos que hacen un llamado a la integración de la vida y al rechazo de la divisoria sagrado-secular.

El Dr. Chris Wright expuso en el plenario de apertura de ICETE 2018, ofreciendo este estudio erudito y devocional del Salmo 86. El salmista David escribe en un momento de gran crisis personal y su oración lo orienta a una posición de confianza. El centro de su petición es el deseo de tener un corazón íntegro, indiviso (v. 11).

Este salmo no está enfocado en la divisoria sagrado-secular sino, como esboza Wright, en que el deseo de David —de ser íntegro en todo— socava tal divisoria en su vida. Wright resume así esta percepción:

> El salmista quiere ser íntegro en su manera de pensar. Porque, por cierto, muy a menudo nuestros corazones están divididos. Nuestra atención se distrae y se desvía. Nuestras motivaciones

se mezclan. Forcejeamos con conflictos de intereses. Entablamos relaciones que comprometen y dividen nuestras lealtades. Y así, fácilmente absorbemos la cosmovisión dicotomizada de la "divisoria sagrado-secular". Y así compartamentalizamos nuestras vidas (véase pág. 21).

El devocional de Wright nos queda a medida. Su reflexión sirve de anclaje para la propuesta de todo este libro en cuanto confronta la divisoria sagrado-secular a través de la búsqueda de Dios. La plegaria del rey David por su integridad personal está establecida sobre los cimientos sólidos del carácter y las acciones pasadas de Dios. Esto por sí mismo es una percepción importante con la cual iniciar las conversaciones en torno a nuestra temática.

El capítulo de la Dra. Shirley Ho surge de una ponencia enfocada en aspectos de la teología del libro de Proverbios. La perspectiva de la historia de la salvación en la exposición de Wright sobre el Salmo 86 queda bien equilibrada con las perspectivas sapienciales de Proverbios.

A simple vista, y según algunas tradiciones interpretativas de Proverbios, el libro es una producción secular. En dichas tradición, el libro es visto a la par de la literatura sapiencial del antiguo Cercano Oriente, sugiriendo pocos rasgos revelados. El concepto acto-consecuencia magnifica la decisión y la acción del individuo, lo cual deja poca cabida a Dios en el libro. La ausencia de elementos míticos o cúlticos relacionados con la fe también sugiere que el libro es una construcción secular acerca de la vida.

Contra dicha interpretación Ho arguye, con otros, que existe un fuerte argumento estructural y temático a favor de una interpretación sacra del libro. La comprensión del papel de la Dama Sabiduría en el capítulo 9 es el ápice de este argumento, y el lente a través del cual interpretar tanto las realidades terrenales como las cósmicas.

Ho argumenta que la división no es entre lo sagrado y lo secular sino entre lo sagrado y lo más sagrado. Esto condice con la realidad vivida por los antiguos israelitas, cuya comprensión de la vida y el cosmos se ilustra en la estructura del templo que contiene el lugar santo y el lugar santísimo. La autora sugiere que el lenguaje de travesía, de periplo, ofrece una indicación del movimiento desde lo sagrado a lo más sagrado, y refuerza la premisa básica que en el libro realmente no hay una divisoria entre lo sagrado y lo secular sino un espacio de vida, sagrado e integrado, con algunos elementos más sagrados.

La ponencia de Ho sobre Proverbios es la primera parte de una presentación doble. En la segunda parte. la Dra. Lily Chua construye sobre las categorías derivadas del trabajo de Ho, y las aplica a la educación teológica. La ponencia de Chua aparece como el capítulo 3, dando inicio a la Sección 2 que enfoca directamente en la problemática de la divisoria sagrado-secular para la educación teológica.

1

Verdades integradoras
Salmo 86

Chris Wright

El Salmo 86 es un salmo muy equilibrado: ¡empieza y termina con problemas! Pero encuentra integración en el centro. También es equilibrado en cómo está estructurado según un patrón de círculos concéntricos. Su forma es la de una distribución quiástica extendida, en la cual ciertos puntos clave en la primera mitad del salmo conducen hacia un punto central, y luego, en la segunda mitad, vuelven a aparecer pero en orden inverso. El patrón se puede representar como A-B-C-D-C-B-A. No es rígido ni exacto, pero el patrón es observable.

La aplicación a nuestro tema de la divisoria sagrado-secular se volverá aparente a medida que avancemos por el texto. Este salmo ilustra, y nos llama a, un enfoque bíblico de la integración. En este caso integra la verdad con la fe y la vida.

Empecemos por los bordes exteriores del salmo. Allí encontramos a una persona realmente luchando con sus problemas.

Una persona con problemas (vv. 1–7, 14–17)

Los versículos 1–7 detallan la situación. Es una persona "pobre y necesitada", que clama por compasión, que siente "angustia".

Salmo 86

¹ Atiéndeme, Señor; respóndeme,
pues pobre soy y estoy necesitado.
² Presérvame la vida, pues te soy fiel.
Tú eres mi Dios, y en ti confío; ¡salva a **tu siervo**!

³ **Compadécete**, Señor, de mí,
porque a ti clamo todo el día.

⁴ Reconforta el espíritu de tu **siervo**,
porque a ti, Señor, elevo mi alma.

⁵ **Tú, Señor**, eres bueno y perdonador;
grande es tu amor por todos los que te invocan.

⁶ Presta oído, Señor, a mi oración;
atiende a la voz de **mi clamor**.
⁷ En el día de mi angustia te invoco,
porque tú me respondes.

⁸ **No hay**, Señor, entre los dioses **otro como tú**,

ni hay **obras** semejantes a las tuyas.

⁹ Todas las naciones que has creado
vendrán, Señor, y ante ti se postrarán
y glorificarán tu nombre.

¹⁰ Porque tú eres grande y haces **maravillas**;

¡**solo tú** eres Dios!

¹¹ Instrúyeme, Señor, en tu camino
para conducirme con fidelidad.
Dame integridad de corazón
para temer tu nombre.
¹² Señor mi Dios, con todo el corazón te alabaré,
y por siempre glorificaré tu nombre.
¹³ Porque grande es tu amor por mí:
me has librado de caer en el sepulcro.
¹⁴ Gente altanera me ataca, oh Dios;
una banda de asesinos procura matarme.
¡Son gente que no te toma en cuenta!

¹⁵ **Pero tú, Señor**, eres Dios clemente y compasivo,
lento para la ira, y **grande en amor** y verdad.

¹⁶ Vuélvete hacia mí, y tenme **compasión**;

concédele tu fuerza a este **siervo** tuyo.
¡Salva a tu hijo fiel!

¹⁷ Dame una muestra de tu amor,
para que mis enemigos la vean y se avergüencen,
porque tú, Señor, me has brindado ayuda y consuelo.

Los versículos 14-17 vuelven a esa situación. Esta amenazado por "gente altanera" y "asesinos". Se siente realmente en peligro. Necesita que Dios intervenga y lo salve. Vuelve a pedir compasión y clama a Dios por ayuda y consuelo. Esta es la realidad en los bordes del salmo, al principio y al final, en el círculo exterior. La NVI dice así:

> Atiéndeme Señor; respóndeme,
> > pues pobre soy y estoy necesitado.
> Presérvame la vida, pues te soy fiel.
> > Tú eres mi Dios, y en ti confío; ¡salva a tu siervo!
> Compadécete, Señor, de mí,
> > porque a ti clamo todo el día.
> Reconforta el espíritu de tu siervo, porque a ti, Señor,
> > elevo mi alma.
>
> Tú, Señor, eres bueno y perdonador;
> > grande es tu amor por todos los que te invocan.
> Presta oído, Señor, a mi oración;
> > atiende la voz de mi clamor.
> En el día de mi angustia te invoco,
> > porque tú me respondes.
> . . .
> Gente altanera me ataca, oh Dios;
> > una banda de asesinos procura matarme.
> > ¡Son gente que no te toma en cuenta!
> Pero tú, Señor, eres Dios clemente y compasivo,
> > lento para la ira, y grande en amor y verdad.
> Vuélvete hacia mí, y tenme compasión;
> > concédele tu fuerza a este siervo tuyo.
> ¡Salva a tu hijo fiel!
> Dame una muestra de tu amor,
> > para que mis enemigos la vean y se avergüencen,
> > porque tú, Señor, me has brindado ayuda y consuelo.

Esta persona está bajo muchísimo estrés. Se siente vulnerable, en peligro y muy débil. Le urge la ayuda de Dios. Y, por cierto, esta es hoy la realidad para muchos fieles en el mundo. Quizás sabemos de lo que está hablando el salmista por experiencia propia. Y ciertamente sabemos lo que están padeciendo creyentes, en muchos países, bajo opresión, discriminación, amenazas y aun martirio. Muchos de nosotros en la familia ICETE venimos de regiones así, y luchamos con cómo seguir siendo fieles a nuestro Señor y a nuestro llamado en esas circunstancias. Las palabras del salmista encuentran fuertes resonancias en nuestros corazones.

El salmista da voz a sus problemas en medio de su adoración —lo cual es bueno y saludable. Claro, eso no los resuelve instantáneamente; aún están allí al final del salmo. No obstante, el salmista equilibra esos problemas que están en los bordes exteriores de su salmo con dos potentes perspectivas. Estas también las coloca cerca del principio y del final del salmo, apenas dentro de ese círculo exterior de problemas. Usa palabras y frases concordantes para darnos estos dos círculos interiores. Y así llegamos a . . .

Dos perspectivas en las que puede confiar
Él mismo en relación con Dios: él es siervo de Dios (vv. 2-4, 16)

Lo menciona cerca del principio y vuelve a hacerlo cerca del final. Veamos los versículos 2-4 y 16:

> Presérvame la vida, pues te soy fiel. Tú eres mi Dios, y en ti confío;
> ¡salva a tu siervo!
> Compadécete, Señor, de mí,
> porque a ti clamo todo el día.
> Reconforta el espíritu de tu siervo,
> porque a ti, Señor, elevo mi alma . . .
>
> Vuélvete hacia mí, y tenme compasión;
> concédele tu fuera a este siervo tuyo.
> ¡Salva a tu hijo fiel!

"No soy una persona cualquiera que te está clamando, Señor. Soy tu siervo [lit. el hijo de tu sierva]". Está diciendo: "Mi familia y yo somos siervos fieles, leales, dedicados a Dios. ¡Te he servido toda mi vida, como mi madre!".

No creo que el salmista lo esté diciendo con actitud arrogante y presumida. Más bien es una petición con base en una relación real. Un señor humano tendría un sentido de deber u obligación hacia un siervo suyo, de cuidar y protegerle. ¡A fin de cuentas, hacerlo servía sus propios intereses! ¿Cuánto más habría de cuidar de sus siervos el Dios que hizo un pacto con Israel? Si he sido fiel al Señor, ciertamente debo poder confiar en que cumplirá su promesa y será fiel conmigo. El salmista prácticamente reta a Dios a que sea fiel a su palabra. Lo hace varias veces: "En ti confío" (v. 2); "a ti, Señor, elevo mi alma" (v. 4). "Señor, confío que tratarás conmigo como tu siervo fiel; confío que harás lo que esa relación implica".

Esto, entonces, apela a la relación de pacto, a nivel personal. El Dios que hizo grandes promesas a Israel como pueblo, sin duda cumplirá sus promesas para con este israelita sufriente. El salmista coloca esta perspectiva cerca del borde exterior del salmo. Él recuerda que es un siervo del Dios viviente, quien no demostrará ser infiel ni impotente. El salmista confiará en esa relación con Dios, el Dios del pacto.

Dios en relación con su pueblo (vv. 5, 15)

Dos veces empieza un versículo con un muy enfático "Tú Señor" (vv. 5, 15), que traza otro círculo interior, más cercano al centro:

Tú, Señor, eres bueno y perdonador;
    grande es tu amor por todos los que te invocan.

Pero tú, Señor, eres Dios clemente y compasivo,
    lento para la ira, y grande en amor y verdad.

El salmista se ha referido a sí mismo como siervo de Dios. Pero se da cuenta que lo que realmente importa no es quién es él, sino quién es Dios, su carácter y naturaleza. Y a eso se refiere —dos veces.

Veamos la lista de lo que dice acerca de Dios. Tú eres:

- Perdonador
- Bueno
- Grande en amor (dos veces)
- Compasivo
- Clemente
- Lento para la ira
- Grande en verdad

¿No les parece que ya se está sintiendo mejor? Diga lo que diga de sí mismo, esto es lo que sabe de Dios: "Tú, Señor, siempre serás así".

Hay una hermosa y antigua oración en el Libro de Oración Común de la Iglesia Anglicana que se remonta a Thomas Cranmer, en 1548. Se recita justo antes de que la congregación se acerque a la Mesa del Señor en la Santa Comunión. Oramos "Nosotros no nos atrevemos a venir a esta tu Mesa, oh Señor misericordioso, confiados en nuestra rectitud, sino en tus muchas y grandes misericordias. No somos dignos ni aun de recoger las migajas debajo de tu Mesa. Mas tú eres el mismo Señor, siempre misericordioso por naturaleza".

Esa es exactamente la perspectiva del Salmo 86. El salmista conoce el Dios al que está orando y hace memoria de todas las cosas que Dios afirma de sí mismo en las Escrituras. Sus palabras claramente hacen eco de la autoidentificación de Dios en Éxodo 34:6-8. Eso agrega aún más fiabilidad a su oración. Dios es fiable porque así es como Dios es. Este es el Dios del pacto que Israel conoce, tanto por su autorrevelación como por sus actos a favor de su pueblo.

Así, nuestro salmista ha dispuesto sus dificultades en los bordes exteriores del salmo —al principio y al final. Luego, por dentro ha colocado estas dos perspectivas: quién es él como siervo de Dios y quién es Dios, el bueno y fiel Dios Yahvé, el Dios que hizo pacto con Israel. Habiendo ubicado estas dos perspectivas, ahora llega a la verdad central, el eje que integra todo el salmo: los versículos 8–10.

Tres verdades centrales acerca de Dios (vv. 8-10)

Estos versículos son claramente centrales, con siete versículos antes y siete después. Y, nuevamente, nuestro salmista ha dispuesto lo que quiere decir acerca de Dios de manera muy cuidadosa, en un patrón concéntrico que dirige el ojo hacia el corazón del salmo, el versículo 9. Este es el centro integrador que da unidad al salmo en torno a sus verdades medulares. Empezemos con la primera y la última línea.

La unicidad de Dios (vv. 8, 10)

No hay, Señor, entre los dioses otro como tú,

. . .

¡solo tú eres Dios!

Esta es, por supuesto, la gran afirmación de lo que denominamos el monoteismo veterotestamentario. Israel estaba rodeada de naciones con muchos otros dioses. Y este salmista está rodeado de personas sin ningún respeto por el único y verdadero Dios viviente, el Dios de Israel (v. 14). Eso bien puede ser cierto también para muchos de nosotros. Como el salmista, vivimos en un mundo que corre tras muchos dioses e ídolos —ya sean los dioses (con nombres propios) de otras religiones, o las idolatrías, más sutiles, de nuestras culturas (los dioses de Mammón, de la riqueza, el consumismo, la seguridad, el militarismo, la gratificación sexual, el narcisismo de la autorrealización, etc.). La divisoria sagrado-secular es en sí misma el resultado de una especie de idolatría del secularismo, que desplaza a Dios y a la fe en él de la esfera pública al ámbito privado de las creencias y las opiniones. Estos otros dioses y sus devotos pueden ser hostiles, intolerantes y seductores, presionando fuertemente a los cristianos a aceptar y participar en su cosmovisión dicotomizada, y emprender la retirada a nuestro pequeño reino "sagrado".

Pero para este salmista, el ancla de su alma, el cimiento de su fe, su roca en medio de sus problemas, es que conoce al Dios viviente y verdadero. Él conoce al único Dios que existe y sabe que está en una relación correcta con este Dios, único y universal —no hay otro como él.

Esa fue su confesión y su expresión de fe como israelita veterotestamentario. Cuánto más necesitamos fijar nuestra propia ancla en la certeza de la unicidad y universalidad de nuestro Señor y Salvador Jesucristo —como él no hay otro.

Pero el salmista sabe más. Este Dios único tiene un historial único.

El historial de Dios (vv. 8, 10)

> No hay, Señor, entre los dioses otro como tú,
>   ni hay obras semejantes a las tuyas.
>
> ...
>
> Porque tú eres grande y haces maravillas;
>   ¡solo tú eres Dios!

El salmista no solo sabe quién es el Señor Dios de Israel, también sabe lo que Dios ha hecho. Las "maravillas" de Dios se refieren, por supuesto, a la gran narrativa épica de las victorias pasadas de Dios, y especialmente al éxodo y el don de la tierra. Esa historia es la que formó la identidad, la fe y la misión de Israel.

El salmista tiene sus problemas en el presente, y Dios tiene sus triunfos en el pasado. Así que el salmista puede traer todo su conocimiento de lo que Dios ha hecho en el pasado a colación de lo que necesita que Dios haga en el presente. Él sabe la historia en la que está inmerso. Y es la historia del Dios de los poderosos actos de salvación y liberación, el Dios de las promesas pasadas gloriosamente cumplidas, el Dios de la historia de su propio pueblo, Israel. Esa historia es un poderoso estímulo a su fe.

Esta es una razón (entre muchas) por la cual es tan importante que el pueblo de Dios conozca la historia de la Biblia: todo el gran arco narrativo de los poderosos actos de salvación de Dios. Para los israelitas, por supuesto, esto les volvía la mirada hacia el éxodo, mientras que para nosotros, nos señala de nuevo hacia la cruz y la resurrección de nuestro Señor Jesucristo. Nuestro Dios es nuestro Redentor. "¡Qué poderoso Dios tenemos!".

Sin embargo, que el salmista conozca la historia en la que se encuentra no significa que esté viviendo en el pasado. Porque él sabe hacia dónde se dirige esta historia, y esto lo lleva a su punto más central. Este Dios, el singular y único Dios viviente, incomparable en el registro de sus hechos pasados, también tiene un plan y un propósito para el futuro. La historia de Dios no es nada menos que la misión de Dios.

La misión futura de Dios (v. 9)

Aquí en el puro centro (con ocho versículos antes y otros ocho después), en el corazón del salmo, tenemos una asombrosa afirmación acerca del futuro del mundo, la meta de toda la historia humana:

> Todas las naciones que has creado vendrán, Señor,
>   y ante ti se postrarán
>   y glorificarán tu nombre.

Si nuestro salmista aprendió de Éxodo el carácter de Dios, entonces de Génesis conoce la misión de Dios. Porque claramente hace eco de la promesa de Dios a Abraham, que a través de él y sus descendientes todas las naciones de la tierra entrarían en el reino de la bendición de Dios (Gé 12:1-3) —un concepto rico y expansivo, con muchas dimensiones.

Y cuando lleguen a ser partícipes en la bendición abrahámica, vendrán a adorar al Dios de Abraham. Ese es el gran futuro hacia el cual señala el Antiguo Testamento. Se hace eco en muchos otros lugares, demasiados como para citar aquí (aunque quizás quiera explorar algunos de estos textos: 1R 8:41–43; Sal 22:27; 67; 87; Is 19:19–25; 45:22–24; 52:10; Am 9:11–12; Zac 2:11).

Entonces, en medio de sus propios problemas y sufrimientos en el presente, el salmista afirma que el futuro está tan lleno de esperanza como el pasado está lleno de promesas. Porque Dios es el Dios de la promesa y por lo tanto de la esperanza. Esta es la misión de Dios para el futuro definitivo de todas las naciones de la tierra, Así es cómo un israelita (o una persona cristiana) en dificultades puede tener fe en medio de un presente muy difícil.

Aquellos enemigos (que todavía están ahí, en v. 14) vendrán a reconocer y a adorar al Dios de Israel; o enfrentarán el juicio de Dios, si lo rechazan. De cualquier manera, el salmista puede dejarlos para que Dios se ocupe, ya sea de su salvación o de su juicio. El futuro es seguro porque el futuro pertenece a Dios y a su reino. Y hacemos eco de esa confianza cuando cantamos, con Pablo (que hizo eco de Is 45:23–24),

> para que ante el nombre de Jesús se doble toda rodilla
>   en el cielo y en la tierra y debajo de la tierra,
> y toda lengua confiese que Jesucristo es el Señor,
>   para gloria de Dios Padre.
> (Fil 2:10-11)

Entonces, ¿qué está haciendo nuestro salmista en estos versículos centrales?

Está afirmando las grandes verdades medulares de la fe de todo su pueblo, a fin de sostener su propia fe vacilante en medio de sus luchas, problemas y sufrimientos. Se está animando a sí mismo.

Pero no lo hace con conjuros superficiales; no lo hace reforzando su autoestima; no lo hace con clichés de pensamiento positivo ni recordando algún lugar o experiencia de seguridad y felicidad. No. Se planta firmemente dentro del grandioso arco de la narrativa bíblica. El salmista habita la historia de los grandes actos de Dios en el pasado (vv. 8 y 10) y la misión continua de Dios hacia el futuro definitivo (v. 9), y recita las verdades reconfortadoras del carácter revelado de Dios (vv. 5 y 15).

Es alguien cuyo ejemplo podemos y debemos seguir. En medio de sus problemas y de su necesidad, se vuelve a Dios, pero no con una emotividad insensata. Este es el Dios que él sabe que es el único Dios que existe, el Dios que ha actuado poderosamente en el pasado para rescatar y redimir a su pueblo, el Dios que algún día será reconocido y adorado por toda la humanidad a lo largo y a lo ancho de toda la creación.

El salmo 86:8–10 es un resumen maravillosamente condensado del corazón de la fe bíblica, que podemos afirmar en la revelación aún más completa de Dios que tenemos por conocer a nuestro Señor Jesucristo.

Pero nuestro salmista aún no ha terminado. Podemos ver cómo se enfrenta a los problemas, que todavía le rodean —allí en el círculo exterior del salmo. Y podemos ver que, al afirmar las grandes verdades de la fe de Israel —en el puro centro del salmo—, ha fortalecido su propia fe. Pero, ¿cuál es su oración para sí mismo a la luz de todo esto? El versículo 11 lo dice.

Dos peticiones centrales para sí mismo (v. 11)

El salmista le pide a Dios dos cosas.

Mantenerse enseñable (v. 11a)

> Instrúyeme, Señor, en tu camino
>> para conducirme con fidelidad.
>> (para la segunda linea, prefiero la expresión "para que pueda depender de tu fidelidad", como expresa en inglés la versión NRSV)

El salmo es atribuido a David —rey y líder, un hombre con una vida ocupada, que debía enseñar a otros. Sin embargo, ora: "Instrúyeme, Señor, en tu camino". Quiere seguir caminando en humildad, verdad e integridad. Así que necesita mantenerse enseñable por Dios.

El salmista quiere ser íntegro en su manera de vivir: ser gobernado por la propia veracidad de Dios —aun en medio de sus problemas. Porque, de hecho, los problemas, la presión y las crisis, fácilmente pueden torcer nuestro sentido del bien y del mal. Pueden tentarnos a justificar planes y acciones que normalmente evitaríamos, formas que son deshonestas o mentirosas, simplemente para salvar nuestro propio pellejo (o nuestra institución). Pero el salmista dice, "No gracias. Quiero seguir siendo enseñado y dirigido por Dios. Quiero caminar en su verdad. Quiero mantener mi integridad, incluso bajo presión y amenaza".

Aquellos de nosotros que enseñamos a otros necesitamos mantenernos enseñables por Dios.

Mantenerse enfocado (v. 11b)

>Dame integridad de corazón
>>para temer tu nombre.

En hebreo es literalmente "haz uno mi corazón". Haz que mi compromiso sea singular. No permitas que yo esté dividido entre una cosa y otra.

El salmista quiere ser íntegro en su manera de pensar. Porque, por cierto, muy a menudo nuestros corazones están divididos. Nuestra atención se distrae y desvía. Nuestras motivaciones se mezclan. Forcejeamos con conflictos de intereses. Entablamos relaciones que comprometen y dividen nuestras lealtades. Y así, fácilmente absorbemos la cosmovisión dicotomizada de la "divisoria sagrado-secular". Y así compartamentalizamos nuestras vidas.

Cuánto necesitamos *corazones unidos e indivisos* —no solo unidad entre nosotros, sino unidad en el centro de nuestro propio mundo de visión, deseos, intenciones y metas. Esto debe ser una gran parte de lo que significa "ama al Señor tu Dios con todo tu corazón y con toda tu alma y con todas tus fuerzas" (Dt 6:4–5). Si hay un Dios singular e indiviso, entonces debo amarlo y servirlo con todo mi ser, indiviso y singular.

Y el salmista claramente cree que solo si Dios responde a sus dos oraciones en el versículo 11 podrá hacer lo que más quiere hacer en el versículo 12:

>Señor mi Dios, con todo el corazón te alabaré,
>>y por siempre glorificaré tu nombre.

Conclusión

No sé, por supuesto, qué podrían significar los versículos 1 y 14 para cualquiera de nosotros, o para cualquiera de los que servimos en la familia ICETE alrededor del mundo. Pero cualesquiera que sean las circunstancias específicas que despiertan esos gritos en nuestros corazones, sin duda es hora de volver a invocar las grandes verdades de los versículos 8–10 y 5 y 15, y orar esas peticiones clave del versículo 11.

Quizás todavía tengamos que volver a los bordes del salmo y reconocer los problemas y las pruebas a las que nos enfrentamos. Pero lo hacemos fortalecidos con los lazos integradores del núcleo de nuestra fe bíblica: conocer el Dios al cual servimos, conocer la historia en la que estamos inmersos, y conocer el futuro garantizado que tenemos por delante. Con una fe así, de verdad podemos pedir y esperar que el Señor nos dé "una muestra de su amor", junto con su ayuda y su consuelo (v. 17).

Preguntas para la reflexión personal y grupal

1. Al reflexionar sobre su vida y ministerio, ¿de qué manera puede identificarse con el estrés y la vulnerabilidad que siente el salmista, y con la necesidad apremiante que expresa al pedir la ayuda de Dios?

2. Las perspectivas que el salmista confiesa acerca de sí mismo en relación con Dios y de Dios en relación con su pueblo (vv. 2–4, 16) ¿que significan para usted al reflexionar sobre sus propias luchas y necesidades, y las que enfrenta su institución teológica?

3. Haga una pausa y ore por sí mismo, por sus colegas, sus estudiantes y su institución, adaptando las palabras del salmista su situación.

4. Reflexione sobre las tres verdades centrales acerca de Dios que el salmista confiesa en los versículos 8–10, con respecto a su singularidad, historial pasado y misión futura. ¿De qué manera ayudan a entender la importancia de su propia labor docente, de ayudar a sus estudiantes en sus relaciones con un mundo que a menudo es moldeado por fuerzas que son idólatricas y que se oponen al pueblo de Dios y sus propósitos? ¿Cómo puede fortalecer a sus estudiantes con estas apreciaciones?

5. Al reflexionar sobre las peticiones del salmista de mantenerse enseñable y enfocado, uno en mente y corazón (v. 11), ¿se le ocurre alguna manera en la que se ha distraído o desintegrado en su amor y servicio al Señor? Si es así, quizás quiera aprovechar esta oportunidad para orar y pedir unidad de corazón, utilizando la oración del salmista en el versículo 11, o palabras similares.

2

Percepciones desde Proverbios sobre la divisoria sagrado-secular

Shirley S. Ho

Introducción

Este ensayo enfoca en el libro de Proverbios como recurso para nuestra reflexión compartida en torno a la divisoria sagrado-secular . Este capítulo considera lo que los estudiosos de Proverbios han aducido acerca de las connotaciones/matices seculares de Proverbios. A continuación, en el capítulo 3, Lily Chua ofrece tres observaciones teóricas, o marcos conceptuales, de Proverbios que pueden ser útiles para seguir reflexionando en torno al tema de la divisoria sagrado-secular.

La secularidad en Proverbs

James A. Baldwin, novelista y activista social afroamericano, dijo lo siguiente sobre la importancia de las definiciones: "El poder del mundo blanco se ve amenazado cada vez que un hombre negro se niega a aceptar las definiciones del mundo blanco". En esta primera sección, el objetivo es llegar a un entendimiento compartido y un terreno común acerca de lo que es "sagrado" y lo que es "secular".

Por cierto, ¿qué es sagrado? ¿Qué es secular? ¿Cuál es el significado moderno de estas categorías, y qué significan estas categorías en Proverbios? Al hablar de definiciones, tengo presente dos salvedades.

En primer lugar, soy consciente de cómo se utilizan estas categorías en diferentes campos académicos: la filosofía, las ciencias sociales[1], el estudio de los rituales, la teología, etc. Segundo, tengo presente el peligro del anacronismo. No quiero imponer conceptos modernos sobre un texto antiguo como lo es Proverbios. Teniendo en cuenta estos factores, mi objetivo sigue siendo encontrar una manera de hablar sobre este concepto de lo sagrado-secular.

Se utiliza una variedad de expresiones para hablar de las categorías básicas de lo "secular" y lo "sagrado".

Para lo "secular", la lista incluye lo que es natural, el mundo creado, lo neutral, mundano, humanista, profano, común, práctico, terrenal, etc. La categoría que se conoce como lo "sagrado" incluye expresiones como la gracia, lo religioso, lo espiritual, supranatural, mítico, inmanente, divino, etc. Sin duda, no se puede decir que estas expresiones sean estrictamente sinónimas. De hecho, no son igualmente legítimas. Sin embargo, las expresiones se superponen en significado y son comparables como diferentes designaciones de los términos básicos de la diferenciación "sagrado-secular".

Con diversas terminologías en mente, y usando enfoques críticos modernos, muchos comentaristas de Proverbios han entendido el libro de Proverbios como una colección de instrucciones prácticas y mundanas, consejos y dichos sabios para la vida cotidiana. Dicho libro está orientado a enseñar a los lectores cómo vivir de manera moral y sabia en el momento presente, en el "aquí y ahora". Se dice que Proverbios está desprovisto de la ideología religiosa y cúltica del antiguo Israel. Proverbios también es conocido por su presunto programa deísta, secular y laico. En tiempos recientes los estudiosos se han empeñado en localizar el libro de Proverbios en un contexto posexílico que refleja las realidades socio y geopolíticas de la época, en lugar de leerlo desde la abstracción moral que era lo común en décadas anteriores.[2]

---

1. La disminución de referencias a lo divino en el espacio público; el descenso de la atención a lo divino en la vida privada; el ocaso del pensamiento humano "mítico", "encantado" o "sacro".
2. Christine Roy Yoder, *Wisdom as a Woman of Substance: A Socioeconomic Reading of Proverbs 1-9 and 31:10-31*, Beihete zur Zeitschrift für die Alttestamentliche Wissenschaft (BZAW) 304 (Berlin/NewYork: Walter de Gruyter, 2001); Tova L. Forti, "The *Isha Zara* in Proverbs 1-9: Allegory and Allegorization," *Hebrew Studies* 48 (2007): 89-100; Claudia V. Camp, *Wisdom*

Michael Fox, quien escribió el comentario de Proverbios en la serie Anchor Bible Commentary, dice:

> El contexto social del libro de Proverbios está abierto a la disputa, pero claramente es un trabajo secular. No tiene pretensión alguna de haber nacido de la revelación o la inspiración divina. Dios nunca es citado o interpelado. El libro nunca tuvo un papel en la vida ritual de Israel, ni en el templo ni en la sinagoga. De hecho, nunca fue, y aún no es, un tema de interés deliberado en los estudios rabínicos. Con la excepción de algunos pasajes, considera la vida cotidiana, no los grandes asuntos de estado, de la historia, el culto o la ley.[3]

Hay al menos tres definiciones de lo "secular" que los estudiosos han atribuido a Proverbios. Son los siguientes:

Lo "Secular" como espacio neutral: Proverbios como sabiduría internacional

Katharine Dell escribe acerca de Proverbios, "y su estrecha asociación con la Sabiduría Internacional; se planteó la pregunta de si esto seguía una doctrina más antigua en el Cercano Oriente, de Dios como creador y 'ordenador del mundo', en lugar de una doctrina particularmente israelita".[4] La tesis principal de R. N. Whybray es que Proverbios "consiste en un libro de lecciones original diseñado para usarse en las escuelas de escribas y [que fue] atentamente modelado a partir de los prototipos egipcios, a lo que más tarde los escritores agregaron material interpretativo con la intención de ajustar su enseñanza en mayor conformidad con las creencias religiosas israelitas".[5] Según G. E. Wright:

> La dificultad del movimiento sapiencial era que su base teológica y su interés teológico eran demasiado estrechos; y en este sentido

---

and the Feminine in the Book of Proverbs, Bible and Literature Series 11 (Decatur, GA: Almond; Sheffield: JSOT Press, 1985).
3. Michael Fox, *Proverbs 1–9: A New Translation with Introduction and Commentary*, Anchor Bible 18A (New Haven: Yale University Press, 2009), 7.
4. Katharine J. Dell, *The Book of Proverbs in Social and Theological Contexts* (Cambridge: Cambridge University Press, 2006), 127.
5. Roger Norman Whybray, *Wisdom in Proverbs* (Naperville: Alec Allenson, 1965), 7.

Proverbios permanece cerca de la fuente pagana de la sabiduría en la cual la sociedad y la labor divina en la historia no jugaban ningún papel. En el canon de las Escrituras, Proverbios tiene la importante función de proveer una explicación del significado de la ley para la vida individual. Pero, para poder sobrevivir como una fuerza vital en el judaísmo y el cristianismo, el movimiento sapiencial tiene que someterse a un aclimatamiento más profundo a las doctrinas de la elección y el pacto.[6]

William McKane dedica la primera sección de su comentario a Proverbios en la serie Old Testament Library —en total, más de 150 páginas— a hablar de la Sabiduría Internacional, incluyendo las formas literarias de instrucción y los proverbios encontrados en Egipto, Babilonia y Asiria.[7]

Proverbios es comparado no solo con la sabiduría mesopotámica, sino también con la egipcia. Los estudiosos han observado que hay una estrecha asociación con el texto sapiencial egipcio "La instrucción de Amenemope", que se propone como patrón para Proverbios 22:1–24:22.[8]

Proverbios	*La instrucción de Amenemope*
(Prov 22:17–18 Presta atención, escucha mis palabras; aplica tu corazón a mi conocimiento. Grato es retenerlas dentro de ti, y tenerlas todas a flor de labio.	(*Amenemope*, cap. 1): Presta oído y oye lo que digo, y aplica tu corazón para aprehender; bueno te es ponerlos en tu corazón, ¡Ay de aquel que los descuida! Déjalos reposar en el ataúd de tu vientre; que estén clavados en tu corazón
(Prov 22:22): No explotes al pobre porque es pobre, ni oprimas en los tribunales a los necesitados;	(*Amenemope*, cap. 2): Cuidado con robar a los pobres, y oprimir a los afligidos.

---

6. G. Ernest Wright, *God Who Acts: Biblical Theology as Recital* (London: SCM Press 1969), 104.
7. William McKane, *Proverbs: A New Approach*, Old Testament Library (Philadelphia: Westminster, 1970).
8. La traducción en español de Proverbios es de la NVI; La versión en español de la *Instrucción de Amenemope* ha sido traducida de *Context of Scriptures*, Vol. 1, eds. William Halo y K. Lawson Younger (Leiden: Brill, 1997), 116-118.

(Prov 22:24–25):	(*Amenemope*, cap. 10):
No te hagas amigo de gente violenta, ni te juntes con los iracundos, no sea que aprendas sus malas costumbres y tú mismo caigas en la trampa.	No te obligues a saludar a un hombre iracundo, porque hieres tu propio corazón; No le diga "saludos" falsamente, mientras haya terror en tu vientre.

Lo "secular" como autonomía humana

Los especialistas en Proverbios también han observado el fuerte humanismo —o elemento humanístico— en el libro. Esto es especialmente evidente en el axioma "acto-consecuencia" que impregna casi todo el libro. El nexo "acto-consecuencia" significa que si uno hace esto el resultado es esto; pero si uno actúa de esa otra manera, entonces obtiene eso otro. El axioma sugiere un principio ordenador del mundo, mecánico y formulista, que es maniobrado por los seres humanos (sabios o tontos), con las correspondientes consecuencias y sin referencia a lo divino. George Ernest Wright dice: "El material en el libro de Proverbios, en particular, permanece cerca de la fuente pagana de la sabiduría en la cual la sociedad y la labor divina en la historia no jugaban ningún papel".[9] Samuel Adams, en *Wisdom in Transition: Act and Consequence in Second Temple Instruction*, sostiene que hay desarrollo en el pensamiento sapiencial: desde sus etapas tempranas hasta las tardías, desde un enfoque terrenal a uno ultramundano, más allá de lo terrenal. Adams considera que Proverbios es temprano, y por lo tanto "se centra en las circunstancias del presente y en las *consecuencias inmediatas de las acciones individuales*".[10] La falta de interferencia por parte de lo divino llevó a que Derek Kidner dijera: "Un lector hostil podría ir aún más lejos, y preguntar si el verdadero dios y maestro en este libro no es el hombre mismo, y la prosperidad la verdadera meta".[11] Claus Westermann, sin embargo, lee el fenómeno positivamente: "Que esa sabiduría, un concepto secular, [ocurra en] ambos Testamentos de la Biblia se debe a que es inherente a la creación —más específicamente, a la creación

---

9. Wright, *God Who Acts*, 67.
10. Samuel L. Adams, *Wisdom in Transition: Act and Consequence in Second Temple Instructions*, Supplements to the Journal for the Study of Judaism 125 (Leiden: Brill, 2008), 95.
11. Derek Kidner, *The Proverbs: An Introduction and Commentary*, Tyndale Old Testament Commentaries (London: Tyndale, 1964), 31.

humana. El Creador le dio al ser humano la capacidad de encontrar su propio camino por la vida y de entenderse a sí mismo..., de distinguir entre lo bueno y lo malo, entre lo beneficioso y lo destructivo".[12]

Lo "secular" como desencanto/desmitificación/ausencia de elementos míticos

La última definición se relaciona con la falta de tradiciones míticas en el libro, como rituales, sacrificios y adoración cúltica. Para los eruditos que sostienen esta definición, lo que contiene Proverbios es práctico y prosaico. Tova Forti escribe: "En mi opinión, los discursos de *Ishah Zara* [la mujer extraña] no difieren de otros temas de la vida cotidiana que dominan el libro de Proverbios, como la ética familiar, la enseñanza de los padres, la armonía doméstica y la estabilidad social".[13] Forti advierte contra una lectura alegórica de esta mujer como "metáfora, símbolo, alegoría del culto extranjero, filosofía griega y 'OTRAS' en diversas direcciones". Continúa diciendo: "Para empezar, expondré mi aserción primaria, a saber, que la Mujer Extraña de Proverbios 1–9 (2:16-22; 5:1-23; 6:20-35; 7:1-27) debe ser identificada como una mujer mundana, seductora, adúltera y casada, que amenaza la preservación del núcleo familiar y la estabilidad del orden social".[14]

Tres aportes de Proverbios en relación con la divisoria sagrado-secular

Habiendo establecido la supuesta connotación secular de Proverbios y hecho varias otras conceptualizaciones, procederé a destacar tres ideas temáticas y conceptuales de Proverbios sobre lo sagrado y lo secular.

---

12. Claus Westermann, *Roots of Wisdom: The Oldest Proverbs of Israel and Other Peoples* (Louisville, KY: Westminster John Knox, 1995), 1.
13. Forti, "*Isha Zara* in Proverbs 1–9," 89.
14. Forti, 89.

Primer aporte: lo secular como espacio neutral - la naturaleza internacional de Proverbios

Esta primera contribución parte de Zoltán S. Schwáb. El título de su libro es *Hacia una interpretación del libro de Proverbios: El egoísmo y la secularidad reconsiderados*.[15] Schwáb ha suscrito a la primera categoría de lo "secular" y define la secularidad en Proverbios como un espacio neutral en donde se pueden encontrar todos los diferentes trasfondos. Arguye que Proverbios adopta el lenguaje común de la humanidad. Está de acuerdo con que Proverbios tiene preocupaciones universales, que trata con problemas humanos intemporales y observaciones generales sobre la vida. Schwáb sostiene que "la naturaleza universal del libro podría animar a los antiguos lectores, así como al lector moderno, a participar en una conversación de mutua apreciación con otras culturas".[16] Esta comprensión de la secularidad de Proverbios está, sin duda, apoyada por los antiguos textos del Cercano Oriente que tienen similitudes con los tonos seculares y mundanos de Proverbios.

A continuación, Schwáb analiza la Señora Sabiduría de Proverbios 8. Considera, a su vez, si debe ser entendida como una idea platónica, como los aforismos y dichos del libro, como la Torá, como una figura literaria en representación de la sabiduría divina/humana, como Yahvé mismo, como el orden mundial o como una hipostásis de Dios. Concluye que no está interesado en la identidad de esta mujer, sino en su relación con Dios. Por consiguiente, la Señora Sabiduría de Proverbios 8 es descrita de formas multifacéticas: por un lado, la Señora Sabiduría es Yahvé,[17] pero por otro lado, es diferenciada de Yahvé. Schwáb arguye que, funcionalmente, "la sabiduría es un mediador que media la presencia de Yahvé, o más precisamente muestra la presencia de Yahvé en el mundo. Cuando uno ve la sabiduría ve a Yahvé, por así decirlo.[18]

Sigue desarrollando su idea y sostiene que "Proverbios 8 representa la sabiduría en/mediante la cual los seres humanos pueden experimentar la

---

15. Zoltán S. Schwáb, *Toward an Interpretation of the Book of Proverbs: Selfishness and Secularity Reconsidered*, Journal of Theological Interpretation Supplement series 7 (Winona Lake, IN: Eisenbrauns, 2013).
16. Schwáb, *Book of Proverbs*, 176.
17. La vida y la muerte dependen de la relación con ella; es la fuente de gobierno; como Yahvé, ella detesta la maldad; como Yahvé, es más preciosa que la plata y el oro.
18. Schwáb, *Book of Proverbs*, 188.

presencia de Dios. Pero hablar de la presencia de Dios, o de las cosas mediante las cuales Dios está presente, requiere un lenguaje dialéctico de 'donde Dios está/ no es Dios[19]'". Según Schwáb, al elegir la sabiduría en ese espacio secular neutral, uno está participando en lo divino y sagrado e imitando lo divino o lo sagrado. Escribe: "Si tengo razón que la sabiduría tiene que ver con estar con Yahvé y que esto comprende el trasfondo para leer todo el libro de Proverbios, entonces difícilmente podemos llamar 'secular' a este libro o al mundo y los comportamientos que trata. Todo lo contrario. El grueso del libro parece estar orientado a animar al lector a experimentar a Yahvé en el mundo. En este sentido, se trata más de la santificación 'del mundo secular' que de la mundanalidad".[20]

Siguiendo el razonamiento de Schwáb, cuando uno elige la sabiduría, participa en lo sagrado y divino, aun en el espacio secular. Al elegir la sabiduría, uno está santificando lo secular. Estoy de acuerdo con la tesis de Schwáb de cómo la sabiduría santifica lo secular. Sin embargo, cuando se aplica este entendimiento al mundo secular contemporáneo, existe el riesgo de una bifurcación entre la Persona divina y la enseñanza/sabiduría divina. ¿Cómo sabe una persona que, por elegir la sabiduría, está encontrándose con lo divino/sagrado? ¿El signo apunta de manera conveniente y con precisión a lo significado? El problema con la secularidad moderna es que toma la sabiduría y la enseñanza de Dios sin Dios mismo. La Persona divina está disociada de la enseñanza, los valores y la sabiduría divina, y estas, en cambio, son asociadas con el esfuerzo humano y la gloria humana. Este es el llamado "cristianismo cultural"[21] que es antitético a la cosmovisión de Proverbios. Yo diría que tal bifurcación entre lo sagrado y lo secular (en su sentido moderno) es ajeno al antiguo pensamiento israelita .

---

19. Schwáb, 182.
20. Schwáb, 188–189.
21. La expresión "cristianos culturales" (en inglés "Cultural Christians") se refiere a deístas, panteístas, agnósticos, ateos y antiteístas que no son cristianos pero que adhieren a los valores cristianos y aprecian la cultura cristiana. Este tipo de identificación puede deberse a diversos factores, como el contexto familiar, las experiencias personales y el entorno social y cultural en el que crecieron.

Segundo aporte: de la división entre lo secular y lo sagrado a la división entre lo sagrado y lo más sagrado

En este segunda contribución, considero la secularidad de Proverbios a partir de las dos definiciones de lo secular sugeridas más arriba por los expertos, es decir, lo secular como autonomía humana y como desencanto/desmitificación.

Una delgada capa de presencia divina y lenguaje mítico en Proverbios

Derek Kidner observa: "Cuando abrimos el libro de Proverbios y tomamos muestras de su sabiduría al azar, podemos tener la impresión de que su contenido religioso es tenue e indefinido. Muchas de sus máximas y afirmaciones teológicas podrían trasplantarse a suelo no-israelita, no-bíblico, y estamos tentados a preguntar si presuponen algo tan específico como una relación de pacto con Dios".[22]

Aquí me gustaría afirmar la presencia del fuerte tono de autonomía humana y de desencanto en Proverbios. La autonomía humana, como ya se ha mencionado, se aprecia en la presencia generalizada del nexo "acto-consecuencia" en los aforismos. También hay una ausencia explícita de rituales, milagros y lenguaje cúltico en Proverbios. Sin embargo, aun cuando afirmamos los considerables elementos de autonomía humana y la ausencia de rituales y milagros, estos no representan completamente a Proverbios. Además, Proverbios es singular (tanto en forma como en contenido) dentro del Antiguo Testamento. Es notable que el libro contiene pasajes que hablan de la intervención de Yahvé y de elementos míticos, pero solo se aprecian si los estudiosos sondean más profundamente.

A lo largo de Proverbios, los sabios identifican a Dios como Yahvé, el Dios de Israel (ochenta y siete veces), mientras que se refieren a Dios como *Elohim* solo cinco veces. En Proverbios 16:9; 19:21; 20:12; 30:5, Dios es representado como creador, soberano sobre las decisiones humanas, y árbitro de todas las cosas, más que como ejecutor o encargado de hacer cumplir la sabiduría. Las famosas palabras de Proverbios 3:5–6 son una advertencia que enseña al ser humano a confiar "en el Señor con todo tu corazón y no en tu propia

---

22. Kidner, *Proverbs*, 31.

inteligencia". En otras palabras, cuando una persona escoge y toma decisiones en la vida, lo hace con el Señor y confiando en él.

Además, vale notar la presencia de lenguaje mítico en la descripción de la sabiduría como "árbol de vida" (3:18). Esto recuerda al árbol de la vida en Génesis 2—3. De hecho, se pueden hacer conexiones con la búsqueda de la inmortalidad en la *Epopeya de Gilgamesh*. Esa búsqueda de la inmortalidad ha de vincularse con el lenguaje de prolongar o "aumentar los años" de la vida mediante la búsqueda de la sabiduría (3:2, 16; 4:10; 9:11; 10:27; 28:16). Es Yahvé quien prolonga la vida humana. ¿Cómo sucede eso exactamente? Se suplementa con la resurrección de los muertos del Nuevo Testamento, y con la *Epopeya de Gilgamesh* como un trasfondo conceptual antiguo. También la muerte es descrita con lenguaje mítico, que sugiere la percepción ultramundana de los sabios. La muerte y la descripción del Seol como el inframundo aparecen así (LBLA):

> Prov 1:12: devorémoslos vivos como el Seol, enteros, como los que descienden al abismo;

> Prov 27:20: El Seol y el Abadón nunca se sacian; tampoco se sacian los ojos del hombre.

> Prov 30:16: El Seol, la matriz estéril, la tierra que jamás se sacia de agua, y el fuego que nunca dice: ¡Basta!

En otras palabras, Proverbios "puede ser llamado '*los documentos del humanismo de Israel*', no en el sentido de un rechazo a lo sobrenatural, ni aun por pretender una preocupación principal con el bienestar humano, sino porque su característica general es el reconocimiento de la responsabilidad moral del ser humano" (énfasis del autor).[23]

La sabiduría en el mundo cósmico

Cuando Proverbios describe la creación del mundo cósmico, habla de cómo fue construido mediante la sabiduría. No es solo la *construcción* del mundo que

---

23. O. S. Rankin, *Israel's Wisdom Literature: Its Bearing on Theology and the History of Religion* (Edinburgh: T &T Clark, 1964), 3.

es llevada a cabo mediante la sabiduría, sino también el *llenado* del mundo.[24] En la medida que la sabiduría es *mediadora* de la presencia divina, los medios por los cuales los seres humanos experimentan la presencia de Dios (Schwáb), los siguientes textos hablan de la presencia divina en y a través del mundo cósmico. Este concepto, sin embargo, difiere del animismo o del panteísmo.

> Con sabiduría fundó el Señor la tierra,
> con inteligencia estableció los cielos.
> Con su conocimiento los abismos fueron divididos,
> y los cielos destilan rocío.
> (Prov 3:19-20 LBLA)

> Con sabiduría se edifica una casa,
> y con prudencia se afianza;
> con conocimiento se llenan las cámaras
> de todo bien preciado y deseable.
> (Prov 24:3-4 LBLA)

Es más, la sabiduría no solo es preexistente (8: 22-29), también es la ley que gobierna la sociedad humana:

> Por mí reinan los reyes,
> y los gobernantes decretan justicia.
> Por mí gobiernan los príncipes y los nobles,
> todos los que juzgan con justicia.
> (Prov 8:15-16 LBLA)

Por lo tanto, la representación del mundo cósmico en Proverbios nos dice que no hay espacio o reino sin la presencia de Yahvé, o sin el mediador de su presencia. Así como el mundo fue creado y habitado por la sabiduría, así la presencia divina impregna el mundo. El mundo entero es la morada de la sabiduría. Por lo tanto, no hay espacio o reino en el mundo que no sea producto de la sabiduría.

---

24. Raymon C. van Leeuwen, en su capítulo "Cosmos, Temple, House: Building and Wisdom in Mesopotamia and Israel," en *Wisdom Literature in Mesopotamia and Israel*, ed. Richard J. Clifford (Atlanta: SBL, 2007), 67-90. Su argumento es que en el libro de Proverbios, la sabiduría también está vinculada con la construcción del cosmos.

Además, si entendemos el mundo cósmico como el modelo para el tabernáculo de Israel en Éxodo 25—40 y el templo en 1 Reyes 1—11, de manera que el santuario es hogar microcósmico que refleja el hogar macrocósmica de la creación, y que se dice que tanto el cosmos como el templo están "llenos" de la gloria divina, entonces el mundo del libro de Proverbios no puede escapar de la presencia divina.

Considerando todos los detalles y la información anterior, un estudio cuidadoso de Proverbios mostrará que no hay una ausencia de la presencia divina, de lo sagrado, en Proverbios. Sin embargo, hay que admitir que solo hay una *tenue*, o delgadísima, manifestación de la presencia divina. La fuerte presencia de la participación divina se infiere solo cuando comparamos Proverbios con las narrativas del Pentateuco, la historia deuteronomista y los libros proféticos que se centran en los grandes actos salvíficos de Dios, los rituales y la adoración. Sin esa comparación es difícil llegar a tal conclusión.

Así, para explicar las manifestaciones reducidas de lo sagrado en Proverbios necesitamos reconocer que en estos libros (Pentateuco, Profetas) el involucramiento divino con la humanidad y el mundo es más directo. En Proverbios, sin embargo, Dios trabaja *en y a través* de seres humanos que son creados en su imagen. N. T. Wright habla de Dios como *dia-antrópico* (Dios *a través* de los seres humanos). El fuerte lenguaje de autonomía humana apunta a la agencia humana y no a la ausencia de lo divino. Esta agencia humana se evidencia en el fuerte énfasis de Proverbios en "elegir" la sabiduría y el camino de la sabiduría (Prov 4:13; 6:20; 16:16; 19:8; 22:1; 23:23). Dicho de otra manera, "menos" no significa "ausencia"; "indirecto" no significa "ausencia". En términos teológicos, la inmanencia de Dios no se manifiesta, pero esto no significa que Dios esté ausente en Proverbios.

El banquete especial con la Señora Sabiduría en Proverbios 9

Habiendo afirmado la presencia —aunque una presencia delgada— de lo sagrado en la cosmovisión de Proverbios, sostengo —además— que eso no agota la presencia de lo divino en Proverbios. Hay más. Para esto necesitamos leer Proverbios 9:1–6 LBLA:

> La sabiduría ha edificado su casa,
>   ha labrado sus siete columnas;

ha preparado su alimento, ha mezclado su vino,
  ha puesto también su mesa;
ha enviado a sus doncellas, y clama
  desde los lugares más altos de la ciudad:
Él que sea simple que entre aquí.
  Al falto de entendimiento le dice:
Venid, comed de mi pan,
  y beban del vino que he mezclado.
Abandonad la necedad y viviréis,
  y andad por el camino del entendimiento.

Este es un pasaje pivotal en Proverbios 1–9. A fin de cuentas, Proverbios 9 es el último capítulo de la sección. Diré más sobre la estructura de Proverbios bajo el tercer aporte (la última sección). Este pasaje describe a la Señora Sabiduría en su templo palaciego (9:1). Ella prepara un banquete con un animal sacrificado (9:2, véase RVR60). Este banquete incluye carne, pan, y bebida especialmente mezclada por ella (9:5). Ella tiene doncellas sirvientes para invitar a los viajeros e invitados a vivir transitando por el camino de la sabiduría (9:3). Ella posee el carácter asociado con Dios. A grandes rasgos, este banquete es el ámbito donde la presencia divina mejor se manifiesta y es más sentida.

El retrato de la Señora Sabiduría en Proverbios 9:1–6 es diferente a su representación en los primeros capítulos; allí estaba en la calle llamando a la gente a que eligiera la sabiduría. La sabiduría del camino era platónica y didáctica pero en Proverbios 9:1–6 tenemos *un encuentro personal* con la Señora Sabiduría, en una cena-banquete con ella misma. Este banquete, entonces, representa el encuentro más sagrado con lo divino.

Grados de Sacralidad en Proverbios

Así, vemos que en Proverbios opera una gradación de lo sagrado. Esta gradación debería redefinir nuestras categorías de lo "sagrado-secular". Basado en Proverbios, propongo que las categorías conceptuales "secular" y "sagrado" sean *redefinidas* como "sagrado" y "más sagrado" (véase figura 2.1). Es posible que la división "sagrado-secular" sea una *equivocación de categoría*, ¡al menos en Proverbios! Lo que vemos en Proverbios es una gradación o grado de sacralidad representada en grises, desde el gris claro al gris oscuro. Entonces, en lugar de (1) la presencia o ausencia de lo sagrado, o (2) el ámbito sagrado diferenciado del ámbito secular, en la figura 2.1, el gris oscuro representa el ámbito más cercano al corazón de la presencia divina.

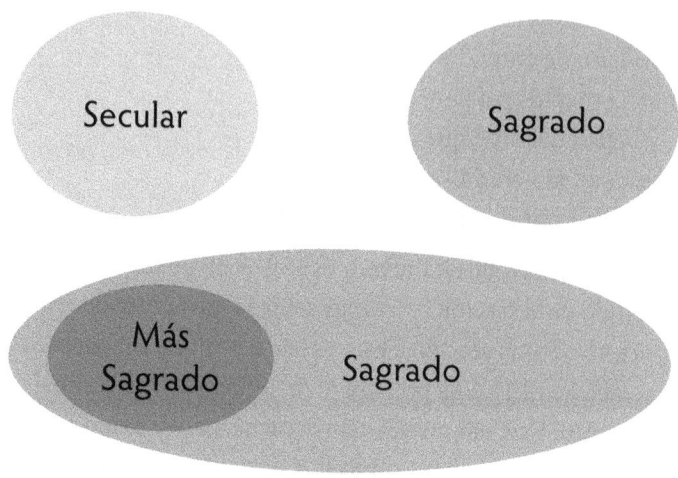

Figura 2.1

Grados de Sacralidad en la realidad cognitiva israelita

El hecho de que la gradación de la sacralidad concuerda con la realidad vivida y la cosmovisión cognitiva de los antiguos israelitas, y no solo con el mundo literario del libro de Proverbios, sirve de apoyo a la tesis anterior. Los israelitas veían el mundo de manera diferente de cómo la ve la gente moderna. Gracias a fuentes antiguas del Cercano Oriente ahora sabemos que el Antiguo Testamento y los judíos concebían el mundo cósmico en el cual vivimos como el lugar de morada del ser divino, Yahvé. El mundo entero era el templo de Dios, donde él habita. Así como el tabernáculo estaba dividido según una estructura tripartita (tabernáculo exterior/Lugar Santo/Lugar Santísimo),[25] así también sucedía con el mundo cósmico (mundo visible [donde viven los humanos]/cielos visibles/cielo invisible) en Génesis 1 y en el jardín de Edén

---

25. Philip Peter Jensen, *Graded Holiness: A Key to the Priestly Conception of the World* (Sheffield: JSOT Press, 1992), 89–114.

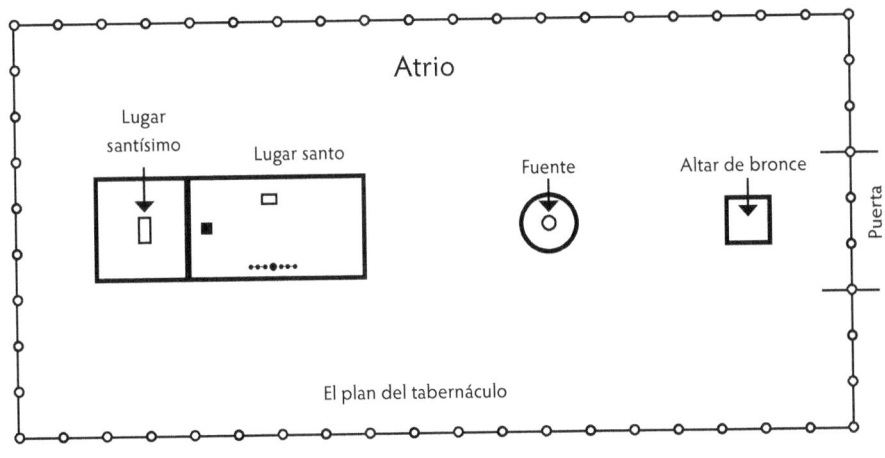

Figura 2.2

en Génesis 2 (jardín exterior/jardín/Edén).[26] Después de que creó el mundo, Dios "descansó" y habitó con Adán y Eva en medio del jardín.

Los libros de Éxodo y Levítico hacen explícito que el tabernáculo —y más tarde, en 1 Reyes, el templo salomónico— era un microcosmos de la presencia de Dios habitando en el mundo. Era el espacio sagrado físico porque allí era donde habitaba Dios, representado por la venida de la gloria del Señor en Éxodo 40 y 1 Reyes 8. Lo que hizo "sagrado" el espacio, fue que Dios lo habitó. Por otra parte, Éxodo y Levítico enseñan que mientras el mundo cósmico es sagrado, la sacralidad estaba manifestada en al menos dos niveles: el santo y el más santo —y este último era donde el arca del pacto, el centro de la santidad, estaba ubicado. Los grados de sacralidad son observables en la relación entre el mundo cósmico y el tabernáculo.

Tercer aporte: la metanarrativa de la travesía en Proverbios

Otra contribución clave de Proverbios es la metanarrativa de la travesía del hijo, reflejada en Proverbios 1–9. Mi tesis es que en este viaje, el hijo es constantemente advertido por sus padres sabios para que elija y busque la

---

26. G. K. Beale. *The Temple and the Church's Mission: A Biblical Theology of the Dwelling Place of God* (Downers Grove, IL: InterVarsity Press, 2004), 48, 75.

sabiduría a cada paso hasta que llegue al destino final, la cena con la Señora Sabiduría, que representa la sagrada presencia divina (Prov 9).

Permítanme demostrarles cómo funciona.

Principales divisiones literarias en Proverbios

El libro de Proverbios está compuesto por treinta y un capítulos. Se ha dividido en al menos dos secciones importantes. A menudo, Proverbios 1-9 es demarcado de Proverbios 10-31 debido a su diferente estilo y género literario. La segunda parte está compuesta de sentencias sapienciales unitarias y atomizadas. La primera parte, Proverbios 1-9, se compone de unidades literarias más grandes o secciones más largas. Se las conoce como "Instrucciones" o "Poemas sapienciales". La mayoría de estas secciones son introducidas con una referencia a "mi hijo", rasgo que curiosamente está ausente en la segunda parte del libro. Los estudiosos de Proverbios han sostenido que la primera parte consiste de poemas aislados e instrucciones no relacionadas entre sí. Sin embargo, yo sostengo (véase más abajo) que las secciones están relacionadas composicionalmente puesto que retratan la travesía del hijo.

Además, la relación entre las dos partes es que la primera ofrece el marco narrativo, mientras que la segunda ofrece los aforismos sapienciales aplicables en ese marco narrativo. El marco narrativo es la historia, o contexto, subyacente y necesaria para dar sentido y significado a los aforismos independientes y atomizados.

Las imágenes de la "travesía" en Proverbios 1-9

Observemos los múltiples elementos que constituyen la narrativa del viaje en Proverbios 1-9. Hay una yuxtaposición de *derek* —"calle"—, "sendero" e "itinerario" que puede significar (1) un camino físico, (2) una travesía o un viaje o (3) un curso de acción. La sabiduría es representada como un amuleto, que otorga protección contra el mal, atado en el cuerpo o alrededor del cuello para la travesía (1:8-9; 6:20-22; 3:21-23).

La colección describe a las diversas personas, actividades y situaciones que uno habría encontrado en un viaje en la antigüedad: asaltantes y robos por el camino en Proverbios 1:10-19; una prostituta de taberna que ofrece hospitalidad e invita a los viajeros a quedarse en su casa en el capítulo 7;

problemas con transacciones comerciales fraudulentas en 6:1–5. La colección describe las motivaciones y el propósito de la travesía: la búsqueda de oro y plata mediante el intercambio y el comercio (3:14); la búsqueda de una cura (3:8); la búsqueda de honor (3:16). También se aprecia la costumbre antigua de poner nombres a los caminos; son nombrados según su destino final —por ejemplo, "el camino a la vida" y "el camino de la muerte"—; o son nombrados de acuerdo a sus funciones o a quienes la recorren —por ejemplo, el "camino de los malvados" y el "camino de la sabiduría".

Por último, se avizoran dos destinos finales. La estructura y ubicación de Proverbios 9 es sugestiva. He hablado brevemente de ello más arriba. Narrativamente, el capítulo describe dos destinos/contingencias para el hijo: o termina cenando con la Señora Sabiduría (9:1–6) o termina con la Mujer Insensata (9:13–18). Si el hijo al caminar elige la sabiduría por sobre la insensatez, alcanza su destino final que es cenar con la Señora Sabiduría, quien simboliza lo divino en Proverbios 9:1–6. Sin embargo, si elige la insensatez, entrará en la casa de la Mujer Insensata de Proverbios 9:13–18. La vida cultural de Israel se desarrolla en paralelo a esto concepción ya que vivían en lugares fuera del tabernáculo/templo, en campamentos y luego en pueblos, considerados como el ámbito profano/común. La peregrinación anual estaba diseñada para que los israelitas accedieran a la presencia divina en el tabernáculo/templo a fin de adorar y ofrecer sus sacrificios.

Movimiento y progresión *de* lo sagrado *a* lo más sagrado

La tesis de Schwáb sobre "la santificación de lo secular mediante la sabiduría" percibe la elección de la sabiduría como algo estático, una participación fija y estacionaria en lo divino. Me gustaría desarrollar más su tesis y argumentar que la elección de la sabiduría debe ser puesta en el contexto de una travesía de vida que se refleja en Proverbios: un viaje que implica un movimiento progresivo que mira hacia adelante y es impulsado por la sabiduría. Por ende, la sabiduría puede ser entendida como un crescendo y un progreso que se alcanza con el tiempo y que es un movimiento de lo sagrado a lo más sagrado.

Estas etapas progresivas y crecientes de sabiduría son orgánicas en el libro, como se ve en los siguientes pasajes:

> Da instrucción al sabio, y será aún más sabio,
> > enseña al justo, y aumentará su saber.
> (Prov 9:9 LBLA)
>
> El sabio oirá y crecerá en conocimiento,
> > y el inteligente adquirirá habilidad,
> para discernir el proverbio y la parábola,
> > los dichos de los sabios y sus enigmas. [los que ya son sabios
> > > son exhortados a seguir escuchando y aprendiendo, etc.].
> (Prov 1:5-6 LBLA)
>
> El insolente busca sabiduría y no la halla;
> > para el entendido, el conocimiento es cosa fácil. [los que
> > > disciernen reciben más conocimiento].
> (Prov 14:6 LBLA)

Por lo tanto, elegir la sabiduría como senda de vida es un movimiento progresivo hacia un conocimiento experiencial maduro, más profundo y completo de uno mismo, del mundo y de lo divino. Es un movimiento hacia adelante y no un punto estático. La sabiduría está fuera de uno mismo y debe ser perseguida tenazmente todos los días de la vida.

Por analogía, las imágenes de travesía y camino invitan al viajero a avanzar *de* lo secular (si se quiere mantener esta etiqueta) *a* lo sagrado y *de* lo sagrado *a* lo más sagrado. Al elegir la sabiduría en lugar de la insensatez, el hijo viajero es invitado y animado a entrar en el ámbito sagrado —la experiencia gastronómica e íntima con lo divino.

Preguntas para la reflexión personal y grupal

1. Reflexione y converse sobre la propuesta del autor de que, según las categorías y la cosmovisión de Proverbios, es más preciso hablar de "sagrado-más sagrado" que de la dicotomía "secular-sagrado" usada más comúnmente.

2. Con relación a nosotros mismos y a quienes enseñamos en la iglesia y el seminario, ¿cuáles son algunos de los desafíos que implica cambiar categorías mentales, presupuestos y cosmovisiones arraigadas? Aplique este

concepto a individuos particulares (tal vez sin mencionar nombres en la conversación grupal).

3. ¿Qué desafíos podrían presentarse en su contexto particular al comenzar a interpretar el mundo en términos de lo "sagrado y más sagrado" en lugar de lo "secular y sagrado", y al ayudar a otros a hacer lo mismo? ¿Cómo podría su cultura diferir de otras a medida que avanza en este esfuerzo?

4. ¿Qué principios bíblicos y teológicos externos a Proverbios pueden presentarse para apoyar esta concepción de lo "sagrado y más sagrado"? Por ejemplo, ¿cómo relacionaría estas ideas con el concepto paulino de "carne/espíritu"?

5. Si consideramos que todo el mundo es, en algún grado, sagrado (en virtud de ser la creación de Dios, habitado por su omnipresencia e impregnado de su gracia común y salvadora, etc.), ¿qué implicaciones tiene la concepción de un mundo "sagrado y más sagrado" para la manera en que los cristianos entienden e interactúan con elementos comúnmente vistos como seculares (cultura, artes, sociedad, trabajo, política, etc.)?

6. Haga una pausa y de gracias por su música favorita, sus obras de arte preferidas, su actividad social favorita y la actividad laboral que más le gusta.

7. ¿Qué implicaciones tiene la concepción de un mundo "sagrado-más sagrado" para una misión redentora que busca recuperar los propósitos divinos en los así llamados aspectos "seculares" de la vida, en los cuales la sacralidad otorgada por Dios ha sido mermada por los efectos del pecado?

8. ¿De qué manera la concepción de un mundo "sagrado-más sagrado" confronta e informa las distinciones entre lo sagrado y lo secular —comunes a las iglesias evangélicas y a las instituciones teológicas— con respecto al ministerio ordenado y laico, y a los diversos llamados de cristianos en el ámbito laboral y en la sociedad?

9. Haga una pausa para dar gracias por lo nuevo que ha aportado este estudio. Ore por sabiduría para implementar cambios personales e institucionales a partir de estas perspectivas.

Referencias

Adams, Samuel L. *Wisdom in Transition: Act and Consequence in Second Temple Instructions*. Supplements to the Journal for the Study of Judaism 125. Leiden: Brill, 2008.

Beale, G. K. *The Temple and the Church's Mission: A Biblical Theology of the Dwelling Place of God*. Downers Grove, IL: InterVarsity Press, 2004.

Burchardt, Marian, Monika Wohlrab-Sahr y Matthias Middell, eds. *Multiple Secularities Beyond the West: Religion and Modernity in the Global Age*. Boston; Berlin; Munich: Walter de Gruyter, 2015.

Camp, Claudia V. *Wisdom and the Feminine in the Book of Proverbs*. Bible and Literature Series 11. Decatur, GA: Almond; Sheffield: JSOT Press, 1985.

Clifford, Richard, ed. *Wisdom Literature in Mesopotamia and Israel*. Society of Biblical Literature Symposium Series 36. Atlanta: SBL, 2007.

Dell, Katharine J. *The Book of Proverbs in Social and Theological Context*. Cambridge: Cambridge University Press, 2006.

Estes, Daniel J. *Hear, My Son: Teaching and Learning in Proverbs 1–9*. New Studies in Biblical Theology. Grand Rapids, MI: Eerdmans, 1997.

Fichtner, Johannes. *Die Altorientalische Weisheit in ihrer israelitisch-jüdischen Ausprägung*. Beihefte zur Zeitschrift für die Alttestamentliche Wissenschaft 62. Giessen: Alfred Töpelmann, 1933.

Forti, Tova L. "The *Isha Zara* in Proverbs 1–9: Allegory and Allegorization." *Hebrew Studies* 48 (2007): 89–100.

Fox, Michael. *Proverbs 1–9: A New Translation with Introduction and Commentary*. Anchor Bible 18A. New Haven: Yale University Press, 2009.

Jensen, Philip Peter. *Graded Holiness: A Key to the Priestly Conception of the World*. Sheffield: JSOT Press, 1992.

Kidner, Derek. *Proverbs: An Introduction and Commentary*. Tyndale Old Testament Commentaries. London: Tyndale, 1975.

Lambert, Wilfred G. *Babylonian Wisdom Literature*. Oxford: Clarendon, 1960.

McKane, William. *Proverbs: A New Approach*. Old Testament Library. Philadelphia: Westminster, 1970.

Rankin, O. S. *Israel's Wisdom Literature: Its Bearing on Theology and the History of Religion*. Edinburgh: T &T Clark, 1964.

Schwáb, Zoltán S. *Toward an Interpretation of the Book of Proverbs: Selfishness and Secularity Reconsidered*. Journal of Theological Interpretation Supplements 7. Winona Lake, IN: Eisenbrauns, 2013.

Taylor, Charles. *A Secular Age*. Cambridge, MA: Harvard University Press, 2007.

van Leeuwen, Raymon C. "Cosmos, Temple, House: Building and Wisdom in Mesopotamia and Israel." In *Wisdom Literature in Mesopotamia and Israel*, edited by Richard J. Clifford, 67–90. Atlanta: SBL, 2007.

Weeks, Stuart. *Instruction and Imagery in Proverbs 1–9*. Oxford: Oxford University Press, 2007.

Wells, David. *God in the Whirlwind: How the Holy-Love of God Reorients Our World*. Wheaton, IL: Crossway, 2014.

Westermann, Claus. *Roots of Wisdom: The Oldest Proverbs of Israel and Other Peoples*. Louisville, KY: Westminster John Knox, 1995.

Whybray, Roger Norman. *Wisdom in Proverbs*. Naperville: Alec Allenson, 1965.

Wilson, Frederick M. "Sacred and Profane? The Yahwistic Redaction of Proverbs Reconsidered." En *The Listening Heart: Essays in Wisdom and the Psalms in Honour of Roland E. Murphy, O. Carm*, editado por Kenneth G. Hugland, Elizabeth F. Huwiler, Jonathan T. Glass y Roger W. Lee, 313–334. Journal for the Study of the Old Testament Supplement Series 58. Sheffield: Sheffield Academic Press, 1987.

Wolters, Al. *The Song of the Valiant Woman: Studies in the Interpretation of Proverbs 31:1–21*. Carlisle: Paternoster, 2001.

Wright, G. E. *God Who Acts: Biblical Theology as Recital*. London: SCM, 1952.

Yoder, Christine Roy. *Wisdom as a Woman of Substance*. Beihefte zur Zeitschrift für die Alttestamentliche Wissenschaft 304. Berlin: de Gruyter, 2001.

Sección 2

Un llamado a la virtud

En esta sección contamos con tres autores que llaman al seminario hacia una educación teológica integrada. Apelan a que se preste menos atención a las habilidades del ministerio y más a la formación de personas, a fin de prepararlas para el ministerio pastoral —aunque incluso expresarlo de esa manera sugiere una dicotomía contra la que todos argumentan. Están buscando una integración de la persona y y la persona en contexto, y por tanto una integración de las actividades focales de la educación teológica.

A menudo se ha observado que los "criterios de selección" para el liderazgo en las Epístolas Pastorales incluyen solo una habilidad, la capacidad de enseñar, y posteriormente solo establecen los requisitos para el carácter y los rasgos de comportamiento del líder. En estos capítulos esa sencillez se complementa con teoría histórica y educativa que nos ayuda a interpretar lo que hará falta para lograr la visión bíblica de líderes calificados.

La divisoria sagrado-secular está expuesta como parte de una tendencia negativa más grande que puede infectar a la educación teológica. El enfoque griego en la separación de cuerpo y espíritu es tanto influyente como poco útil en la formación de líderes para la iglesia. Se necesita un enfoque más integral, y nuestros autores nos guían hacia tal visión.

El capítulo de Lily Chua prosigue, en forma directa, la obra de Ho sobre la interpretación de Proverbios. Utiliza las categorías del trabajo de Ho para enfatizar que la educación teológica es un movimiento de lo sagrado a lo más sagrado. Chua considera los retos eminentemente prácticos de la formación moral, como el uso de pornografía por parte de pastores, las tasas de divorcio, los lapsos morales, el narcisismo y los conflictos en la iglesia. Para ayudar a responder a estos retos, adapta el análisis cultural de Keller (que arroja luz sobre la divisoria sagrado-secular) en línea con la investigación de Ho en Proverbios y sugiere una gama de maneras prácticas en las que los seminarios pueden apropiarse de estas ideas bíblicas.

En el capítulo 4, Marvin Oxenham propone que así como la educación teológica ha llevado, en parte, a la divisoria sagrado-secular, así también puede ser parte de su superación. Oxenham desafía a la iglesia y a sus líderes a buscar la transformación de la cultura a través del compromiso con, y la promoción de, la educación del carácter y la virtud. Esto involucrará a la sociedad, no solo como una obra de la gracia común, sino también como parte del vehículo para cumplir la *missio Dei*.

Marilyn Naidoo se centra en la idea de la formación de la identidad, que ayuda a responder a las preguntas centrales de "Quién soy yo?" y "¿Qué debo hacer?". Ofrece el modelo teórico de la Estructura Social y la Personalidad, de J. S. House, que cuenta con conceptos de desarrollo que son tanto colectivos (socialización) como individuales (psicológicos). Estos son aplicados a la educación teológica para fortalecer el proceso de formación de líderes pastorales.

Esta sección no ofrece una respuesta completa a la pregunta "¿Qué podría hacer el seminario para ayudar a superar la divisoria sagrado-secular?". Sin embargo, desafía a los seminarios a considerar la totalidad de sus ofertas y procesos educativos, y como tal es un claro llamado al la integralidad.

3

Aportes de Proverbios aplicados a la educación teológica

Lily K. Chua

Este capítulo está basado en el capítulo 2 y continúa la conversación en torno a cómo se pueden aplicar las ideas extraídas de Proverbios en la educación teológica. La tesis central es que la formación en la educación teológica es, tanto para los estudiantes como para la facultad, una progresión hacia la madurez en Cristo, de lo sagrado a lo más sagrado.

La educación teológica en el contexto de la formación: un movimiento de lo sagrado a lo más sagrado

En el capítulo 2, Ho sostuvo que "es posible que la distinción sagrado-secular sea una equivocación de categorías, al menos en Proverbios". Destacó, además, tres aportes temáticos de Proverbios:

- Primer aporte: lo secular como espacio neutral —la naturaleza internacional de Proverbios: *la sabiduría como santificadora de lo secular (neutral)*
- Segundo aporte: lo secular como autonomía humana/desencanto: de la divisoria sagrado-secular a la divisoria sagrado/más sagrado:

la sabiduría como agencia humana (de la divisoria sagrado/secular a lo sagrado/más sagrado)
- Tercer aporte: la metanarrativa de una travesía que progresa de la periferia hacia el centro de la presencia divina: *la sabiduría como movimiento y progresión vital —de toda la vida— hacia la madurez, de lo sagrado a lo más sagrado)*

Tomo esto como una llamada de atención oportuna. La formación de "sagrado a más sagrado" y el "viaje de toda la vida, de progresión hacia la madurez" hablan al corazón mismo de la educación teológica. En el lenguaje del Nuevo Testamento se trata de una maduración hacia la conformidad con Cristo, y esta es la misión de la educación cristiana y de la educación teológica.

En algunas áreas de nuestra vida eclesial, el esfuerzo por cruzar la divisoria sagrado-secular se ha inclinado, de manera inadvertida, hacia lo secular. Nos comprometemos proactivamente con lo secular a fin de reducir la brecha, pero ¿es posible que también estemos haciendo concesiones y vulnerando lo sagrado en nuestro esfuerzo por reducir la brecha entre los dos?

Como se presenta a continuación, los resultados de la investigación eclesial nos hacen mirar con recelo la manera en que hemos estado formando a nuestros estudiantes de seminario. Los lapsos morales y las personalidades narcisistas entre los pastores de iglesia están en aumento, por lo que estamos presionados a evaluar nuestra efectividad educativa: ¿Hemos estado formando a nuestros estudiantes? ¿Ha funcionado? Los resultados ministeriales y de vida de nuestros seminaristas graduados, ¿reflejan la misión de nuestras instituciones y los propósitos de la educación teológica? Los graduados, en sus trayectorias de vida, ¿eligieron la sabiduría, o eligieron la insensatez?

Es posible que tengamos que enfrentar un problema más apremiante que el de la divisoria sagrado-secular.

La necesidad de formar el carácter moral: los lapsos morales

La organización LifeWay Research[1] realizó un estudio cualitativo a fin de identificar los factores que contribuyen a la deserción pastoral. Los factores

---

1. LifeWay Research, "Pastors More Likely to Address Domestic Violence, Still Lack Training," 18 septiembre 2018, https://lifewayresearch.com/2018/09/18/pastors-more-likely-to-address-domestic-violence-still-lack-training/.

identificados incluyen agotamiento (burnout), lapsos morales, conflictos en la iglesia, baja idoneidad en la relación pastor-iglesia, y problemas familiares. Además, surgen tres temas dominantes en la investigación: (1) exigencias y expectativas; (2) la necesidad de realizarse; y (3) salud espiritual y emocional.

La investigación concluye que en el centro de los factores interrelacionados que contribuyen a la deserción hay un problema subyacente de salud espiritual o inseguridad que, cuando queda desatendido, se manifiesta de diversas formas, como en el agotamiento o en un lapso moral.

Se puede apreciar este principio en las estadísticas recientes sobre lapsos morales relacionados con pastores.

Estadísticas de pornografía

En primer lugar, en cuanto al uso de la pornografía, los informes de Barna[2] y Gallup[3] muestran un cambio rápido en las percepciones morales tanto entre cristianos como no cristianos. Un creciente número de personas está adoptando un punto de vista más permisivo sobre la sexualidad, las relaciones sexuales y la pornografía. Barna señala que un catorce por ciento de pastores sénior y un veintiún por ciento de pastores jóvenes dicen que luchan con la pornografía. Esto significa que uno de cada cinco pastores jóvenes y uno de cada siete pastores sénior utilizan pornografía de manera habitual y están luchando actualmente con la vergüenza y la culpa.

Esto lleva a la pregunta de qué porcentaje encontraríamos si estudiáramos el uso de pornografía entre estudiantes seminaristas. ¿Hasta qué punto el uso de pornografía está relacionado con una pobre salud espiritual?

---

2. Barna Group y Josh McDowell Ministry, *The Porn Phenomenon* (Ventura: Barna, 2016), 80. Véasetambién: Covenant Eyes, "The Porn Stat 2018," www.covenanteyes.com.
3. Gallup, "More Americans Say Pornography Is Morally Acceptable," 5 de junio, 2018, https://news.gallup.com/poll/235280/americans-say-pornography-morally-acceptable.aspx.

Tasa de divorcio

Aunque varias fuentes han refutado la sabiduría convencional de que el divorcio entre creyentes es tan frecuente como entre no creyentes,[4] el matrimonio cristiano sigue siendo un asunto de discusión.

Wright[5] escribió que, desde la década de 1970, las tasas de cohabitación de parejas evangélicas se han cuadruplicado y las tasas de divorcio/separación se han duplicado. Krejcir,[6] en su investigación en curso, encontró que el tres por ciento de pastores reformados y evangélicos autoreportaron que tuvieron un amorío. Por eso Stanton,[7] mirando las nuevas estadísticas, concluyó que "[la tasa] sigue siendo más alta de lo que la mayoría de nosotros quisiéramos". Por cierto, todavía tenemos mucho margen de mejora.

Conducta sexual impropia

Además de las estadísticas de pornografía y las tasas de divorcio, el movimiento #MeToo, junto con el movimiento #ChurchToo que alentó, han despertado llamadas de atención, discusiones y confusión sin precedentes respecto a la violencia doméstica, el abuso sexual y las conductas sexuales impropias en círculos evangélicos. Con la renuncia de destacados líderes evangélicos desde noviembre de 2017, los movimientos han demostrado la magnitud de los problemas institucionales inherentes en las iglesias, seminarios y organizaciones paraeclesiásticas.

La declaración "el silencio no es espiritual" ha despertado a la comunidad evangélica a confrontar el esfuerzo institucionalizado por silenciar a las

---

4. Ed Stetzer, "Pastors: That Divorce Rate Stat You Quoted Was Probably Wrong," *Christianity Today*, 27 septiembre 2012, https://www.christianitytoday.com/edstetzer/2012/september/pastors-that-divorce-rate-stat-you-quoted-was-probably.html; "Marriage, Divorce, and the Church: What Do the Stats Say, and Can Marriage Be Happy?," *Christianity Today*, 14 febrero 2014, https://www.christianitytoday.com/edstetzer/2014/february/marriage-divorce-and-body-of-christ-what-do-stats-say-and-c.html.
5. Bradley R. E. Wright, *Christians Are Hate-Filled Hypocrites . . . And Other Lies You've Been Told: A Sociologist Shatters Myths from the Secular and Christian Media* (Grand Rapids, MI: Baker, 2010).
6. Richard J. Krejcir, "Statistics on Pastors: 2016 Update," ChurchLeadership.org, 2016, http://www.churchleadership.org/apps/articles/default.asp?blogid=0&view=post&articleid=Statistics-on-Pastors-2016-Update&link=1&fldKeywords=&fldAuthor=&fldTopic=0.
7. Glenn Stanton, "Fact-Checker: Divorce Rate among Christians," Gospel Coalition (Coalición para el Evangelio), 25 septiembre, 2012, https://www.thegospelcoalition.org/article/factchecker-divorce-rate-among-christians.

víctimas abusadas por personas de autoridad como pastores, ministros y líderes de seminario.

Reflexión

En mi país, Taiwán, hay una escasez de investigaciones sobre el acoso sexual en la iglesia. No hay estadísticas fiables disponibles sobre conductas sexuales impropias. Sin embargo, desde diferentes denominaciones, en diferentes partes de la isla y en diferentes sectores de las iglesias taiwanesas, hemos oído de pastores o líderes cristianos que han tenido relaciones inapropiadas con personas bajo su confianza y/o que fueron acusados de cometer una variedad de ofensas sexuales.

Las iglesias y los seminarios necesitan recursos y capacitación para abordar la cuestión de los lapsos morales. ¿Qué medidas podemos adoptar en la fase temprana de la formación teológica para evitar conductas dañinas? ¿Qué procesos se deben establecer para que los estudiantes aspiren a un nivel superior de sacralidad, y para que busquen la santidad a lo largo de su vida? La falta de diferenciación con situaciones seculares, evidenciada en recientes acusaciones contra pastores por conductas sexuales impropias, es para nosotros un llamado a la acción, aunque bajo circunstancias no deseadas.

Para seguir considerando el tema, las investigaciones apuntan no solo a la necesidad de formación en carácter moral de los futuros pastores, sino también a la necesidad de formación en virtudes cristianas de ministros y seminaristas.

La necesidad de formación en virtudes cristianas: tendencias narcisistas

Raskin y Hall[8] identificaron varios componentes del narcisismo en el inventario que desarrollaron para el Trastorno Narcisista de la Personalidad (NPD, por sus siglas en inglés). Estos incluyen autoridad, autosuficiencia, superioridad, exhibicionismo, explotación en las relaciones interpersonales, vanidad y un sentido exagerado de derechos. Después de usar el inventario

---

8. Robert Raskin y Howard Terry, "A Principal-Components Analysis of the Narcissistic Personality Inventory and Further Evidence of Its Construct Validity," *Journal of Personality and Social Psychology* 54, no. 5 (1988): 890–902.

de NPD con celebridades, Pinsky y Young[9] sostuvieron que la mayor causa de preocupación está particularmente en las valoraciones relacionadas con la vanidad, el sentido exagerado de derechos, el exhibicionismo y la explotación en las relaciones interpersonales.

Los investigadores han confirmado que los componentes del narcisismo en los líderes generan daños a las instituciones que lideran. Los pastores narcisistas muestran una necesidad de poder, control, adulación y reconocimiento público. A menudo tienen problemas ocultos de ira, por lo cual es difícil trabajar con ellos e incluso sostener una relación interpersonal con ellos.

El narcisismo[10] y los conflictos en la iglesia

Puls, Ball y Sandage[11], en su estudio de una denominación canadiense grande, encontraron una conexión entre el narcisismo del clero y conflictos destructivos en las iglesias. Para su sorpresa, encontraron un porcentaje relativamente más alto de clérigos que cumplieron con los criterios de diagnóstico del Trastorno Narcisista de la Personalidad (NPD) en comparación con la población general.

Puls y Ball advierten que el Trastorno Narcisista de la Personalidad, tanto en sus formas manifiestas como encubiertas, a menudo se esconde detrás de capas de engaño "sagrado". Los investigadores también encontraron que, cuando se compara con los no-NPD, los pastores con NPD participan en una cantidad notablemente menor de disciplinas espirituales y prácticas ministeriales interactivas.

Narcisismo y otros constructos

Sandage y Harden[12] informaron que el narcisismo se correlaciona negativamente con la competencia intercultural. Esta competencia implica "la capacidad de

---

9. Drew Pinsky y S. Mark Young, *The Mirror Effect: How Celebrity Narcissism Is Seducing America* (Audiobook; New York: HarperAudio, 2009).
10. El énfasis aquí está en el rasgo narcisista de la personalidad social y no en el rasgo diagnóstico.
11. R. Glenn Ball y Darrell Puls, "Frequency of Narcissistic Personality Disorder in Pastors: A Preliminary Study," presentado al American Association of Christian Counselors, Nashville, 26 septiembre 2015, http://www.darrellpuls.com/images/AACC_2015_Paper_NPD_in_Pastors.pdf; R. Glenn Ball, Darrell Puls y Steven J. Sandage, *Let Us Pray: The Plague of Narcissist Pastors and What We Can Do about It* (Eugene, OR: Wipf & Stock, 2017).
12. Steven J. Sandage y Mark G. Harden, "Relational Spirituality, Differentiation of Self, and Virtue as Predictors of Intercultural Development," *Mental Health, Religion & Culture* 14, no. 8 (2011): 819–838.

pensar y actuar de manera interculturalmente apropiada"[13] y es vital para ayudar a los profesionales a relacionarse y cuidar de otros sin prejuicios.

De manera similar, Cooper, Pullig y Dickens[14] encontraron que el narcisismo impacta el juicio ético requerido para un liderazgo eclesial eficaz. Como líderes de la iglesia, los ministros a menudo tratan temas éticos que requieren de la toma de decisiones. Sin embargo, un sentido exagerado de su autoimportancia, un deseo obsesivo por ser admirados y una falta de empatía con otros perjudica el juicio ético, lo cual resulta en decisiones cuestionables.

Por último, Pan[15] sostuvo que la cultura individualista es la fuente del aumento de inclinaciones narcisistas entre seminaristas y ministros. A la vez, como Pinsky y Young[16] observaron en su estudio del narcisismo entre celebridades, la cultura de la celebridad está llevando a que el joven promedio sea más narcisista.

Reflexión

Mi seminario, el Seminario Evangélico de China marcó su sexagésimo aniversario en el 2020. Muchos de los que egresaron en los primeros años permanecieron en un mismo ministerio por entre veinte y treinta años, y las iglesias crecieron bajo su cuidado. En contraste, en los últimos cinco años, entre nuestros estudiantes más recientes, hemos visto una frecuencia mucho mayor de relevos pastorales, e incluso un aumento en el número de pastores que abandonan el ministerio.

Si la deserción pastoral está relacionada con conflictos en la iglesia, el agotamiento y/o lapsos morales, y estos a su vez están relacionados con una débil salud espiritual y las inclinaciones narcisistas que pueden acompañarla, entonces ¿qué se puede hacer y cómo podemos ayudar antes de que se haga daño a estos pastores y a las iglesias que sirven?

---

13. Sandage y Harden, "Relational Spirituality," 819.
14. Marjorie J. Cooper, Chris J. Pullig y Charles W. Dickens, "Effects of Narcissism and Religiosity on Church Ministers with Respect to Ethical Judgment, Confidence, and Forgiveness," *Journal of Psychology & Theology* 44, no. 1 (2016): 42–54.
15. Shinhwan Pan, "Pastoral Counselling of Korean Clergy with Burnout: Culture and Narcissism," *The Asia Journal of Theology* 20, no. 2 (2006): 241–255.
16. Pinsky y Young, *Mirror Effect*.

Aún no hemos estudiado los factores que contribuyen a tales fenómenos. Pero quizás es justificable indagar en qué grado nosotros como líderes y formadores de estudiantes hemos contribuido a la separación que algunos han mostraron entre sus conocimientos y sus vidas. ¿Hemos inculcado un movimiento de lo sagrado a lo más sagrado? ¿Hemos puesto en práctica la verdadera división entre la vida por la carne y la vida por el Espíritu?

La necesidad de formación: Conciencia compartida entre instituciones teológicas

En 2018, la Asociación de Escuelas Teológicas (ATS, por sus siglas en inglés) publicó parte de los hallazgos de su Proyecto de Modelos y Prácticas Educativas,[17] financiado con $7 millones de dólares por la Fundación Lilly. Parte del proyecto tenía como objetivo explorar y evaluar modelos y prácticas educativas particulares en las 270 escuelas que son miembros de la ATS. Para ello, entre 2015 y 2017, se reunieron dieciocho grupos de afinidad, que contaron con más de 200 representantes de 110 instituciones.

Una de las principales conclusiones fue que, entre las numerosas cuestiones planteadas, dos tercios de los dieciocho grupos de afinidad abordaron la cuestión de la formación en sus conversaciones e informes. Aunque la definición de formación era bastante diversa, en la mayoría de los casos la referencia era a formación personal y espiritual.

Stephen R. Graham, Director Sénior de la ATS(2018), escribió: "Muchos está reconociendo un cambio de enfoque, de una educación teológica profesional (educación para la profesión ministerial), a una que enfoca en la *formación de personas* para servir en una diversidad de roles de liderazgo religioso" (énfasis agregado).[18]

Tom Tanner, acreditador de la ATS, también compartió sus pensamientos, señalando que en el pasado la ATS tendió a tratar a la educación teológica

---

17. The Association of Theological Schools, *Explore, Assess, Affirm: The ATS Educational Models and Practices Project; Educational Models and Practices Peer Group Final Reports* (2018), https://www.ats.edu/uploads/resources/current-initiatives/educational-models/publications-and-presentations/peer-group-final-reports/peer-group-final-report-book.pdf.
18. Stephen R. Graham, "Educational Models and Practices: What We've Learned and Why It Matters," The Association of Theological Schools (ATS) Biennial Meeting, Denver, CO, 20 junio 2018, https://www.ats.edu/uploads/resources/current-initiatives/educational-models/publications-and-presentations/ed-models-biennial-pres-text-2018.pdf.

principalmente como una profesión. Escribió: "A medida que la ATS entra en su segundo siglo, el próximo conjunto de normas quizás deba centrarse más en la formación como un objetivo global de la educación teológica".[19]

Evidentemente, las escuelas teológicas han llegado a darse cuenta que, aparte de la formación intelectual/académica y ministerial/pastoral, debe haber un énfasis equilibrado en la formación personal y espiritual.

Modelos de la divisoria sagrado-secular en la educación teológica

En el capítulo 2, Ho comenzó con las definiciones de lo que es sagrado y lo que es secular. Esto es crucial, ya que tenemos diferentes definiciones y entendimientos al abordar el tema de la división sagrado-secular. No sorprende que existan estas diferencias porque en la raíz de nuestras diferencias está precisamente la cuestión de cómo nos involucramos con la cultura.

Ya en 1956, Niebuhr presentó cinco modelos de cómo los cristianos han relacionado a Cristo con la cultura a lo largo de la historia. Más recientemente, Keller[20] renombró y refinó los modelos de Niebuhr, resultando en cuatro maneras básicas que describen cómo las iglesias se relacionan con la cultura.

Si bien los modelos nunca son categorizaciones perfectas de las diferencias, Keller razonó que el uso de modelos nos podría ayudar a evitar extremos y desequilibrios. Cada uno de estos modelos, según Keller, ha captado "un principio rector, una verdad bíblica que guía y ayuda a los cristianos a relacionarse con la cultura".[21] Por ende, cada modelo, tomado de manera independiente, carece de algo que los otros modelos captan y enfatizan.

En esta sección, presentaré los cuatro puntos de vista de Keller y cómo pueden ser aplicados a nuestras conversaciones sobre la división sagrado-secular.

---

19. Tom Tanner, "Reflections on Key Themes and Principles from ATS Peer Groups," The Association of Theological Schools, 16 agosto 2018, https://www.ats.edu/uploads/resources/current-initiatives/economic-challenges-facing-future-ministers/peer-group-reports-themes-and-principles.pdf.
20. Timothy Keller, *Center Church: Doing Balanced, Gospel-Centered Ministry in Your City* (Grand Rapids, MI: Zondervan, 2012).
21. Keller, *Center Church*, 195.

Las cuatro perspectivas de Keller

Keller describió cuatro maneras de relacionarse con la cultura. Son los "Transformacionistas, los "Relevantes", el modelo de los "Dos Reinos" y los "Contraculturalistas". Concísamente se entienden así:

- Los *Transformacionistas* buscan penetrar y transformar la cultura. Para ello llaman a la iglesia a vivir la cosmovisión cristiana en todos los ámbitos de la vida.
- Los *Relevantes*, sin embargo, creen que Dios ya está trabajando en la cultura y por lo tanto a la iglesia de Cristo no le corresponde transformar la cultura, sino ser más sensibles y relevantes uniéndose a, y aprendiendo de, la cultura circundante.
- Los *Contraculturalistas*, por otra parte, creen que lo mejor que la iglesia puede hacer por el mundo es exhibir —ante el mundo— el reino de Cristo como una sociedad humana alternativa. No hay esperanza de que la cultura sea transformada.
- Y por último, el modelo de los *Dos reinos* ve a la iglesia como ciudadanos del reino terrenal, así como también del reino redentor. Puesto que ambos son gobernados por Dios, los cristianos deben cumplir diferentes responsabilidades en cada uno, y hacerlo con excelencia.

Las dos preguntas de Keller

Para Keller, las diferencias fundamentales entre estas cuatro formas de compromiso cultural se pueden reducir a dos preguntas:

- En primer lugar, ¿deberíamos ser pesimistas u optimistas acerca de la posibilidad del cambio cultural?
- Y segundo, ¿es redimible y buena la cultura actual, o está fundamentalmente caída?

Brevemente, si uno es optimista acerca del cambio cultural pero ve la cultura como caída, entonces probablemente adoptará el modelo Transformacionista. Por otro lado, si uno es optimista acerca del cambio cultural y ve la cultura como buena, entonces probablemente adoptará el modelo Relevante.

Si uno es pesimista acerca del cambio cultural, pero ve la cultura como buena, entonces probablemente adoptará el modelo de los Dos Reinos. Por último, si uno es pesimista acerca del cambio cultural y ve la cultura como caída, entonces probablemente adoptará el modelo Contraculturalista.

La aplicación de las cuatro perspectivas de Keller

En mi intento de aplicar el esquema de Keller a nuestra conversación sobre la divisoria sagrado-secular en la educación teológica, los modelos podrían verse como en la figura 3.1.

	OPTIMISTAS EN CUANTO A LA MEJORA CULTURAL		
POCA GRACIA COMÚN (DS-DIVIDIR)	Ofrece formación teológica a profesionales cristianos con énfasis en la cosmovisión cristiana	Colabora con universidades para ofrecer programas profesionales y participa activamente en asuntos de justicia social	PLENA GRACIA COMÚN (DS-SUPERAR)
	INVOLUCRAMIENTO: IGLESIA SACRA, SE INVOLUCRA CON LA COMUNIDAD	CASAMIENTO: IGLESIA Y COMUNIDAD COMO UNO	
	SEPARACIÓN: IGLESIA SACRA, COMUNIDAD SECULAR	ACEPTACIÓN: IGLESIA Y COMUNIDAD EN PARALELO	
	Ofrece entrenamiento para pastores y cristianos para que "sean" la iglesia en/para el mundo	Posiblemente ofrece programas para laicos pero pone el énfasis en el ministerio ordenado de la Palabra y el sacramento	
	PESIMISTAS EN CUANTO A LA MEJORA CULTURAL		

Figura 3.1 Aplicación de las cuatro perspectivas de Keller a la conversación sobre la divisoria sagrado-secular

Si los líderes institucionales son optimistas en cuanto al cambio cultural, pero ven la cultura como algo secular que debe ser redimido, entonces probablemente adoptarán el modelo "Divide pero Involúcrate" y ofrecerán formación teológica a cristianos profesionales con un énfasis en la cosmovisión cristiana a fin de que estos transformen el mundo laboral. Esto lo hacen sin sacrificar su misión principal de capacitar a los estudiantes que se preparan para el ministerio a tiempo completo.

Si los líderes institucionales son optimistas en cuanto al cambio cultural y ven la cultura como algo sagrado en donde Dios está trabajando, entonces probablemente adoptarán el modelo "Supera y Cásate". Abogarán por ofrecer programas profesionales en colaboración con universidades, además de sus programas teológicos. Y su facultad de profesores y estudiantes participarán activamente en asuntos de justicia social en busca del bien de todos.

Si los líderes institucionales son pesimistas en cuanto al cambio cultural, pero ven la cultura como sagrada —por la gracia común de Dios—, entonces probablemente adoptarán el modelo "Supera y Acepta". Es posible que opten por ofrecer programas para que los laicos se destaquen en sus vocaciones seculares, pero pondrán el énfasis en el ministerio ordenado de la Palabra y el sacramento.

Por último, si los líderes institucionales son pesimistas en cuanto al cambio cultural y ven la cultura como secular, entonces probablemente adoptarán el modelo "Divide y Separa" y ofrecerán capacitación teológica tanto para pastores como para cristianos con el propósito de formarlos para ser la iglesia para el mundo.

Reflexión

Si, como arguye Keller, cada uno de estos modelos contiene una verdad esencial *acerca de la iglesia y la cultura* y a la vez pasa por alto algunas de las implicaciones de la creación, la caída, la redención y la restauración reflejadas en la narrativa bíblica, entonces es crucial preguntarnos: ¿Cuál es el camino hacia adelante?

¿Cómo debemos proceder? ¿Cuál modelo debemos elegir? ¿Adoptamos todos los modelos a la educación teológica? ¿Tenemos los recursos necesarios para hacerlo todo? ¿O hacemos las cosas de manera diferente en diferentes etapas o estaciones en el ciclo de la relación de la iglesia con la cultura? ¿Cuál es nuestra misión primaria como instituciones teológicas?

En la sección final presentaré una adaptación del esquema de Keller y propondré cómo las ideas tomadas por Ho de Proverbios (en el capítulo 2) se pueden integrar en nuestra conversación sobre lo sagrado y lo secular.

Una propuesta de formación: de sagrado a más sagrado

Keller advierte, "Busquen el centro"; "incorporen los aportes culturales y bíblicos de todos los modelos" a prácticas ministeriales reales.[22] Keller también

---
22. Keller, *Center Church*, 238. Brevemente, aplicado a nuestro contexto teológico, esto implica enseñar una cosmovisión distintiva, velar por el bien común de todos, valorar la excelencia y la

sugiere: "Sigan sus dones y su llamado". En otras palabras, elijan cuál se alinea mejor con todos los recursos y todas las oportunidades dadas.

Por lo tanto, a partir de lo que aporta Proverbios, aquí propongo la estructura de la figura 3.2.

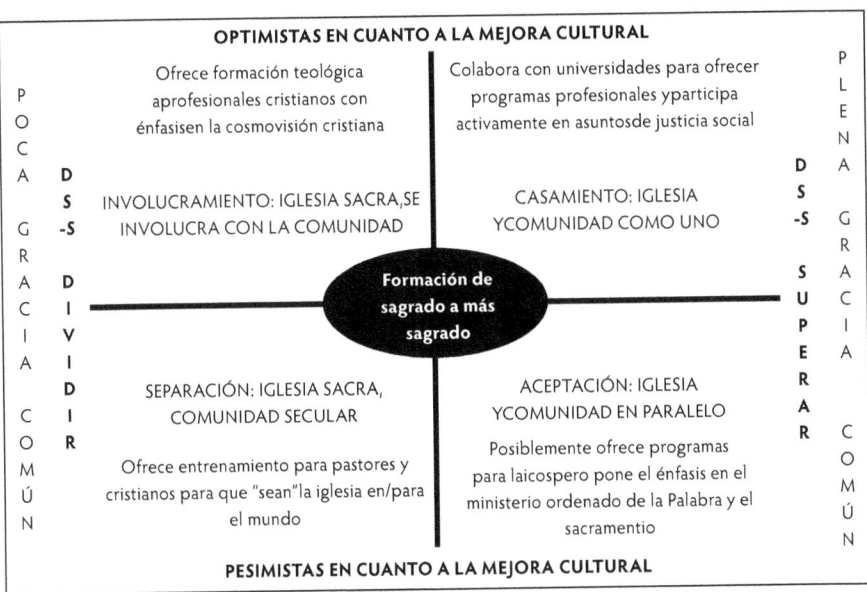

Figura 3.2 Aportes desde Proverbios sobre la divisoria sagrado-secular en la educación teológica

Independientemente del modelo que utilicemos, pensemos en maneras en las que podemos inspirar, ayudar y formar a estudiantes y profesores para que se gradúen de lo sagrado a lo más sagrado y sigan un camino de toda la vida que progrese hacia la madurez en Cristo.

Escuchamos a la Sabiduría diciendo, en Proverbios 9:5–6:

> Vengan, disfruten de mi pan
>   y beban del vino que he mezclado.
> Dejen su insensatez, y vivirán,
>   andarán por el camino del discernimiento.

---

humildad, *y equipar a la* iglesia para ser contracultural. Keller escribe: "El material bíblico pide un balance, no de concesiones sino de 'estar bajo el control simultáneo y en todo momento' de toda la enseñanza de las Escrituras," 230.

Y escuchamos repetidamente a través de las Escrituras:

> ... ustedes serán para mí un reino de sacerdotes y una nación santa.
> (Éxodo 19:6)

> Yo soy el Señor, que los sacó de la tierra de Egipto, para ser su Dios. Sean, pues, santos, porque yo soy santo.
> (Lv 11:45)

> ... porque eres pueblo consagrado al Señor tu Dios. Él te eligió de entre todos los pueblos de la tierra, para que fueras su posesión exclusiva.
> (Dt 14:2)

> Por lo tanto, como escogidos de Dios, santos y amados, revístanse de afecto entrañable y de bondad, humildad, amabilidad y paciencia,
> (Col 3:12)

> La voluntad de Dios es que sean santificados; que se aparten de la inmoralidad sexual; ... Dios no nos llamó a la impureza, sino a la santidad;
> (1Ts 4:3–7)

> Pero ustedes son linaje escogido, real sacerdocio, nación santa, pueblo que pertenece a Dios, para que proclamen las obras maravillosas de aquel que los llamó de las tinieblas a su luz admirable.
> (1P 2:9)

¿Cómo corresponde este marco formativo con los aportes desde Proverbios?

La formación tiene que ver con identificar aquello que es neutral/secular y traerlo a Cristo

Esto implica que nuestras instituciones deben cambiar de un énfasis en programas a uno orientado a propósitos. Por ejemplo:

- *Dividir y Separar* (contracultura): Traer a los laicos, a las personas "naturales" a Cristo.

- *Dividir e Involucrarse* (cosmovisión distintiva): Traer la mente y la vida cotidiana a Cristo.
- *Superar y Casarse* (el bien común): Traer todas las disciplinas de estudio a Cristo.
- *Superar y Aceptar* (excelencia y humildad): Traer las profesiones cotidianas a Cristo.

Chequeo semanal con la realidad: triunfar sobre la pornografía

En nuestro seminario, como en la mayoría de las escuelas teológicas de Asia, adoptamos el tradicional modelo residencial de educación. Profesores y estudiantes residen en el campus, adoran juntos como comunidad cada semana y comparten las comidas servidas en el campus. Cada miembro de la facultad es responsable de aconsejar a un grupo de diez a doce estudiantes, y se reúnen semanalmente para orar, comer y hacer actividades juntos.

Animamos a los estudiantes a compartir su "Chequeo Semanal" con el mentor de su grupo. Esta simple lista de puntos verdes, amarillos y rojos muestra elementos rutinarios relacionados con la vida cotidiana, como devocionales diarios, las relaciones familiares y con otros estudiantes, la salud física y emocional y la integridad sexual.

Hemos tenido experiencias positivas con varios estudiantes que usaron esta lista de chequeo. Al trabajar en su lista semana tras semana, empezaron a percibir la interrelación de los elementos de esa lista. Las cosas aparentemente "naturales" o "mundanas" estaban relacionadas con su salud espiritual.

Uno de los estudiantes escribió: "Gracias por caminar conmigo este último año. Por cierto, realmente necesito volver a Dios". Por la gracia de Dios, habiendo pasado por todo un año de tomar responsabilidad dentro de una relación de confianza con un consejero, este estudiante se ha recuperado de su adicción a la pornografía y no ha recaído.

La formación es una progresión desde un enfoque intelectual y pastoral hacia un equilibrio transversal entre las dimensiones intelectual, pastoral, personal y espiritual

Esto implica la progresión de una enseñanza basada en lo cognitivo a un aprendizaje integral y comprometido; de un enfoque basado en completar tareas a uno centrado en compromisos automotivados; de un enfoque egocéntrico a uno centrado en Dios y en otros; y de hábitos y rituales espirituales a una devoción autodisciplinada.

Grupos SPA y DJ: Transicionando hacia una vida devocional autodisciplinada

Hace años, lo que en ese entonces era nuestro Consejo Estudiantil inició un proyecto llamado "SPA", que ha continuado hasta el día de hoy. Estos grupos de Responsabilidad entre Socios Espirituales (en inglés, Spiritual Partners Accountability) consisten en grupos de tres a cuatro estudiantes que se reúnen semanalmente para orar juntos, apoyarse mutuamente y rendir cuentas entre sí. Son iniciados por los estudiantes y monitoreados por ellos mismos. Este semestre, en conjunto con las agrupaciones de SPA, el actual Consejo de Estudiantes añadió otra iniciativa llamada "DD", con la cual animan a todo el cuerpo estudiantil a mantener un "Diario al Día" a la vez que observan su devoción diaria.

Como docentes y líderes, sentimos humildad al ver movimientos culturales como estos entre nuestros estudiantes. Y oramos para que el Espíritu Santo, el único que pueda renovar al pueblo de Dios y conducirlo hacia una mayor santidad, se complazca en utilizar iniciativas como estos grupos de mentores y de apoyo mutuo para ayudar a transformar los rituales espirituales externos en auténtica devoción interior y amor por Cristo y su iglesia.

Las investigaciones muestran que hoy, a diferencia del pasado, muchos estudiantes emprenden sus estudios teológicos de posgrado sin haber pasado por las redes instituciones. Como resultado, las escuelas "enfrentan la necesidad de hacer trabajo correctivo".[23] En nuestro seminario, seguimos dando fe de la necesidad de estas medidas correctivas o de nivelación. Pero en la misericordia de Dios, también vemos la obra de su Espíritu.

La formación es fundamental para la educación teológica. Necesitamos un mayor equilibrio entre la formación intelectual, ministerial, espiritual y de carácter. Nuestra formación debe llevar a los estudiantes de un enfoque en el cumplimiento de tareas a uno de compromisos automotivados, de una

---

23. Association of Theological Schools, *Explore, Assess, Affirm*.

motivación egocéntrica a una centrada en Dios y en otros, y de la práctica de ritos y hábitos espirituales a una vida devocional autodisciplinada.

La formación es una progresión de toda la vida hacia la madurez en Cristo, desde una vida en la carne a una vida en el Espíritu

Esto implica la progresión desde el aprendizaje basado en una institución a un aprendizaje autoiniciado y de por vida; desde la devoción individual a la construcción de la fe en comunidad; y desde el ministerio en una comunidad eclesial a una participación que construye cultura.

La formación del carácter del estudiante: una progresión de toda la vida

Las virtudes cristianas y el carácter cristiano son compatibles con las verdaderas disciplinas espirituales. De hecho, estas se forman a partir de las disciplinas espirituales, la devoción diaria, los grupos de oración, los servicios de adoración y las relaciones mutuas de rendición de cuentas.

La formación es lenta. Requiere del ejercicio diario de las disciplinas espirituales. También exige, como escribió Ho en el capítulo 3, "un movimiento progresivo que mira hacia adelante y es impulsado por la sabiduría" hacia lo sagrado, resultando en lo que Martín Lutero llamó "un diario morir y revivir con Cristo".

E. Worthington, eminente psicólogo cristiano y experto en el tema del perdón, escribe: "La esencia de la mayoría de las virtudes es que autolimitan los derechos o privilegios del yo en favor del bienestar de los demás."[24] Y el respetado psicólogo e investigador cristiano Mark McMinn[25] ha señalado que todas las virtudes cristianas —el perdón, la gratitud, la humildad, la esperanza, la gracia y la sabiduría— se reducen a los mandamientos del Señor: "Ama al Señor con todo tu corazón . . . y ama a tu prójimo". Esto implica que estas virtudes son posibles de verdad solo con personas que tienen nueva vida de Cristo.

---

24. Everett L. Worthington, Jr., "What Are the Different Dimensions of Humility?," Big Questions Online, 4 noviembre 2014, https://answptest2.dreamhosters.com/2014/11/04/what-are-the-different-dimensions-of-humility/.

25. Mark McMinn, *The Science of Virtue: Why Positive Psychology Matters to the Church* (Grand Rapids, MI: Brazos, 2017).

Entonces, ¿cómo podemos entrenar y formar a nuestros estudiantes para que pongan en práctica estas virtudes?

Al igual que otras escuelas teológicas, el Seminario Evangélico Chino aún tiene mucho camino por recorrer. Sin embargo, los siguientes son algunos procesos en los que hemos estado trabajando duro en los últimos años para formar a nuestros estudiantes:

1. Nos adherimos a un riguroso proceso de selección que incluye cartas de recomendación, un examen escrito, un test de personalidad y una entrevista cara a cara.
2. Administramos el test de personalidad T-JTA a todos los nuevos estudiantes, a fin de que tengan tiempo suficiente para trabajar sus propios problemas de temperamento durante su estadía en el seminario. Los resultados del test se comparten con cada estudiante individualmente.
3. Requerimos la participación en una iglesia los fines de semana, como formación de campo, para que los estudiantes sigan participando en los ministerios eclesiales y tengan oportunidades de mejorar sus habilidades pastorales, de enseñanza y de cuido.
4. Enfatizamos la integración del conocimiento y la vida/ministerio mediante cursos, el intercambio de testimonios y ejemplos de la vida real.
5. Involucramos a los supervisores de campo en la vida y los ministerios de sus estudiantes a través de retroalimentación al final de cada semestre.
6. Diseñamos actividades semanales (servir las comidas y limpiar el campus) para que los estudiantes practiquen su actitud de servicio.
7. Requerimos el uso de servicios de consejería profesional externos al seminario para que los estudiantes puedan lidiar con sus problemas de vida irresueltos y puedan, por la gracia de Dios, experimentar sanidad y crecimiento. Además, requerimos un documento de reflexión para cada una de las cuatro sesiones terapéuticas en las que participan.
8. Administramos el Test de Personalidad NPD durante el último año de los estudiantes, para que estos puedan hacer una autoevaluación antes de graduarse.

9. Cada semestre programamos reuniones cara a cara entre profesores y estudiantes y coordinamos encuentros mensuales entre los docentes para intercambiar observaciones e ideas sobre estudiantes que necesitan ayuda y cuidado adicionales.
10. Entendemos el papel de las instituciones teológicas como solo "una parte de toda una vida de educación cristiana y teológica".[26]

Cuando hablamos de llevar a las personas de lo sagrado a lo más sagrado todavía estamos muy limitados. Pero, como Parker Palmer define la enseñanza: "enseñar es crear un espacio en donde se practique la obediencia a la verdad".[27] Nosotros creamos el espacio; el Espíritu de Dios hace el trabajo.

Preguntas para la reflexión personal y grupal

1. Comparta sus convicciones personales con respecto al compromiso cultural, en respuesta a las dos preguntas planteadas por Keller:

- ¿Debemos ser pesimistas u optimistas en cuanto a la posibilidad de un cambio cultural?
- La cultura actual, ¿es redimible y buena, o fundamentalmente caída?

Discutan las fortalezas y debilidades de los cuatro modelos de relación con la cultura que describe Keller: los Transformacionistas, los Relevantes, los Dos Reinos y los Contraculturalistas. ¿Cuál refleja mejor sus propias convicciones? ¿Hay aspectos de otro modelo que puedan servir de complemento al modelo que ha elegido?

2. En algunos momentos y en algunos lugares los evangélicos han retrocedido de su compromiso con la cultura. En otras ocasiones se han comprometido profundamente. ¿Dónde se ha posicionado su tradición eclesial, su institución teológica y su propio ministerio en este asunto? ¿y en la práctica? ¿Cómo han impactado estas posiciones en la praxis en cuanto a la naturaleza del ministerio, el alcance de la misión y la forma que ha tomado la educación teológica?

---

26. Association of Theological Schools, *Explore, Assess, Affirm*.
27. Parker J. Palmer, *To Know as We Are Known: Education as a Spiritual Journey* (San Francisco: HarperOne, 1993), 69.

3. ¿Usted está ubicado cómodamente dentro de la mayoría entre los que lo rodean? ¿O está en la minoría en estos temas? ¿Cómo es esa experiencia para usted y para los que le rodean?

4. Discutan y evalúen la tesis de la autora: "La formación en la educación teológica es, tanto para los estudiantes como para la facultad, una progresión hacia la madurez en Cristo, *de lo sagrado a lo más sagrado*".

5. ¿Qué añade la frase "de lo sagrado a lo más sagrado" a su comprensión del tipo de desarrollo que Chua propone para los estudiantes y la facultad, y la forma en que esta formación se relaciona con el así-llamado mundo "secular"?

6. Den gracias por los conocimientos adquiridos a partir de este capítulo y su discusión. Oren por la fuerza para cambiar o para perseverar. Oren por su sociedad y por el regreso de Cristo.

Referencias

The Association of Theological Schools. *Explore, Assess, Affirm: The ATS Educational Models and Practices Project; Educational Models and Practices Peer Group Final Reports*. 2018. https://www.ats.edu/uploads/resources/current-initiatives/educational-models/publications-and-presentations/peer-group-final-reports/peer-group-final-report-book.pdf.

Ball, R. Glenn y Darrell Puls. "Frequency of Narcissistic Personality Disorder in Pastors: A Preliminary Study." Ponencia presentada en la American Association of Christian Counselors, Nashville. 26 de Septiembre, 2015. http://www.darrellpuls.com/images/AACC_2015_Paper_NPD_in_Pastors.pdf.

Ball, R. Glenn, Darrell Puls y Steven J. Sandage. *Let Us Pray: The Plague of Narcissist Pastors and What We Can Do about It*. Eugene, OR: Wipf & Stock, 2017.

Barna Group, y Josh McDowell Ministry. *The Porn Phenomenon: The Impact of Pornography in the Digital Age*. Ventura: Barna, 2016.

Cooper, Marjorie J. Chris J. Pullig y Charles W. Dickens. "Effects of Narcissism and Religiosity on Church Ministers with Respect to Ethical Judgment, Confidence, and Forgiveness." *Journal of Psychology & Theology* 44, no. 1 (2016): 42–54.

Covenant Eyes. Porn Stat 2018. Pdf descargado de https://www.covenanteyes.com/pornstats/?clickid=Ucu1ygx1SxyLULbwUx0Mo3wGUkExRoVQ7ys2Rw0&irgwc

=1&utm_source=IR&utm_medium=123201&utm_campaign=Online%20 Tracking%20Link&utm_size=&utm_type=ONLINE_TRACKING_LINK.

Dugan, Andrew. "More Americans Say Pornography Is Morally Acceptable." Gallup, 5 de junio 2018. https://news.gallup.com/poll/235280/americans-say-pornography-morally-acceptable.aspx.

Graham, Stephen R. "Educational Models and Practices: What We've Learned and Why It Matters." The Association of Theological Schools (ATS) Biennial Meeting, Denver, CO, 20 de junio, 2018. https://www.ats.edu/uploads/resources/current-initiatives/educational-models/publications-and-presentations/ed-models-biennial-pres-text-2018.pdf.

Keller, Timothy. *Center Church: Doing Balanced, Gospel-Centered Ministry in Your City*. Grand Rapids, MI: Zondervan, 2012.

Krejcir, Richard J. "Statistics on Pastors: 2016 Update." ChurchLeadership.org. 2016. http://www.churchleadership.org/apps/articles/default.asp?blogid=0&view=post&articleid=Statistics-on-Pastors-2016-Update&link=1&fldKeywords=&fldAuthor=&fldTopic=0.

LifeWay Research. "Pastors More Likely to Address Domestic Violence, Still Lack Training. 18 de septiembre, 2018. https://lifewayresearch.com/2018/09/18/pastors-more-likely-to-address-domestic-violence-still-lack-training/.

McMinn, Mark. *The Science of Virtue: Why Positive Psychology Matters to the Church*. Grand Rapids, MI: Brazos, 2017.

Palmer, Parker J. *To Know as We Are Known: Education as a Spiritual Journey*. San Francisco: HarperOne, 1993.

Pan, Shinhwan. "Pastoral Counselling of Korean Clergy with Burnout: Culture and Narcissism." *The Asia Journal of Theology* 20, no. 2 (2006): 241–255.

Pinsky, Drew, and S. Mark Young. *The Mirror Effect: How Celebrity Narcissism Is Seducing America*. Audiobook. New York: HarperAudio, 2009.

Raskin, Robin y Howard Terry. "A Principal-Components Analysis of the Narcissistic Personality Inventory and Further Evidence of Its Construct Validity." *Journal of Personality and Social Psychology* 54, no. 5 (1988): 890–902.

Rector, John M. *Objectification Spectrum: Understanding and Transcending Our Diminishment and Dehumanization of Others*. New York: Oxford University Press, 2014.

Sandage, Steven J. y Mark G. Harden. "Relational Spirituality, Differentiation of Self, and Virtue as Predictors of Intercultural Development." *Mental Health, Religion & Culture* 14, no. 8 (2011): 819–838.

Smietana, Bob. "The #MeToo Movement Has Educated Pastors. And Left Them with More Questions." *Christianity Today*, 18 de septiembre 2018. https://www.christianitytoday.com/news/2018/september/metoo-domestic-violence-sexual-abuse-pastors-lifeway-2018.html.

Stanton, Glenn. "Fact-Checker: Divorce Rate among Christians." Gospel Coalition, 25 de septiembre, 2012. https://www.thegospelcoalition.org/article/factchecker-divorce-rate-among-christians.

Stetzer, Ed. "Marriage, Divorce, and the Church: What Do the Stats Say, and Can Marriage Be Happy?" *Christianity Today*, 14 de february, 2014. https://www.christianitytoday.com/edstetzer/2014/february/marriage-divorce-and-body-of-christ-what-do-stats-say-and-c.html.

———. "Pastors: That Divorce Rate Stat You Quoted Was Probably Wrong." *Christianity Today*, 27 deseptiembre, 2012. https://www.christianitytoday.com/edstetzer/2012/september/pastors-that-divorce-rate-stat-you-quoted-was-probably.html.

Tanner, Tom. "Reflections on Key Themes and Principles from ATS Peer Groups." The Association of Theological Schools. 16 de agosto, 2018. https://www.ats.edu/uploads/resources/current-initiatives/economic-challenges-facing-future-ministers/peer-group-reports-themes-and-principles.pdf.

Worthington, Everett L., Jr. "What Are the Different Dimensions of Humility?" Big Questions Online. 4 de noviembre, 2014. https://answptest2.dreamhosters.com/2014/11/04/what-are-the-different-dimensions-of-humility/.

Wright, Bradley R. E. *Christians Are Hate-Filled Hypocrites . . . And Other Lies You've Been Told: A Sociologist Shatters Myths from the Secular and Christian Media*. Grand Rapids, MI: Baker, 2010.

4

Cruzando la divisoria sagrado-secular mediante la educación del carácter y la virtud

Marvin Oxenham

Introducción

En este capítulo, asumimos que hay una divisoria sagrado-secular en la teología y la práctica cristiana, y que es un problema. También reconocemos que la educación teológica es parcialmente responsable de generar y mantener esta divisoria y que, como tal, puede ser una parte singular de la solución. En particular, exploraremos cómo la educación teológica puede ayudar a cruzar la divisoria sagrado-secular mediante la educación del carácter y la virtud.

La perspectiva para nuestra exploración estará orientada tanto hacia atrás como hacia adelante. Primero miraremos hacia atrás, a cómo la tradición de la educación del carácter y la virtud ha sido compartida por filósofos seculares y teólogos cristianos, y consideraremos cómo esto puede representar un poderoso punto de encuentro. Luego consideraremos cómo la educación de carácter y de la virtud representa un objetivo que hoy comparten la sociedad secular y la missio Dei cristiana. En este objetivo compartido podemos encontrar una nueva semblanza de la apologética cristiana y un sólido puente entre lo sagrado y lo secular.

Prolegómenos
Prolegómeno 1: *Acerca de la gracia común*

Hay que abordar dos cuestiones a modo preliminar. El primero es acerca de Dios y la gracia, y el segundo acerca de una selección de palabras especializadas que se usarán en el argumento.

Con respecto a la primera cuestión, la pregunta es acerca de cómo opera la gracia de Dios en el mundo secular (la pregunta también podría enmarcarse en términos del ejercicio de la soberanía de Dios fuera de la iglesia). Vale aclarar que la pregunta no es sobre la gracia salvífica sino sobre la gracia común, vista como dádiva bondadosa de Dios al mundo por cuanto la humanidad continúa un mandato creacional y genera cultura.[1] El punto de referencia en esto es ciertamente *Cristo y Cultura* de Niebuhr, pero la visión kuyperiana de la soberanía de las esferas, presentada en *Common Grace: God's Gifts for a Fallen World* (Gracias Común: la dádiva de Dios a un mundo caído), también representa una contribución referencial. Richard Mouw[2], acertadamente, resume tres modelos que conducen a la visión de Kuyper de la gracia común, representadas en la figura 4.1.

Un primer modelo presupone que la gracia de Dios opera en el mundo exclusivamente *a través de la iglesia*. La iglesia es considerada el único mediador entre Dios y el mundo. Por lo tanto, todo lo que Dios desea hacer en la cultura, la educación, la ley o la política debe pasar por la iglesia. Este modelo se evidencia en muchas tradiciones de fe, y está bien ejemplificado en iniciativas católicas como el establecimiento de escuelas cristianas, partidos políticos cristianos, editoriales cristianas, etc.

---

1. "La gracia común de Kuyper era simplemente un favor de Dios que da al mundo 'las bendiciones temporales' de la lluvia, el sol, la salud y las riquezas, y que restringe la corrupción en el mundo para que el mundo pueda producir buena cultura. No fue una gracia que tuvo como objetivo la salvación del réprobo, una gracia que fue expresada en una bien intencionada oferta de Cristo, o una gracia que fue fundada en una expiación universal "(Engelsma, en G. P. Johnson, "The Myth of Common Grace, " *The Trinity Review*, March/April 1987, 6; acceso 27 noviembre 2018, http://trinityfoundation.org/PDF/The%20Trinity%20Review%200055a%20 TheMythofCommonGrace.pdf.

2. Véase Richard J. Mouw, "Some Reflections on Sphere Sovereignty," en *Religion, Pluralism and Public Life: Abraham Kuyper's Legacy for the Twenty-First Century*, ed. Luis E. Lugo (Grand Rapids, MI: Eerdmans, 2000), 160–182.

SOBRE DIOS Y LA GRACIA
....

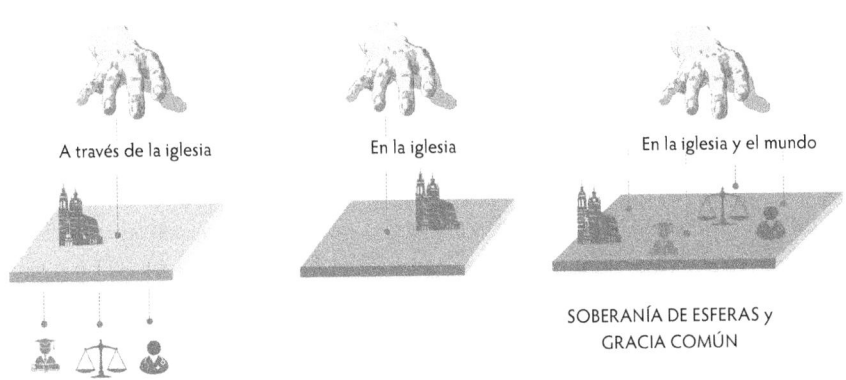

Figura 4.1

Un segundo modelo sugiere, en cambio, que Dios solo trabaja en la iglesia. Este modelo genera la divisoria más dura entre lo sagrado y lo secular porque se basa en una visión de depravación y abandono y afirma que la gracia de Dios no opera en la cultura ni se puede encontrar en las ciencias seculares. Irónicamente, este modelo lo comparte la sociedad secular, que está bastante feliz de relegar a Dios al ámbito de la religión y de afirmar su autonomía total en todas las demás esferas del conocimiento y de la vida.

El último modelo es la soberanía de esferas de Kuyper en donde Dios está trabajando tanto en la iglesia como en el mundo, pero de manera independiente. Kuyper creía que Dios es soberano en todas las esferas de la vida y famosamente escribió que "no hay una pulgada cuadrada en todo el dominio de nuestra existencia humana sobre la cual Cristo, que es Soberano sobre todo, no clama: ¡Mío!".[3] Según Kuyper, Dios ejerce su soberanía en el mundo de manera independiente, en diferentes esferas, y sin la mediación de la iglesia. Es por esto que, por ejemplo, Kuyper fundó la Universidad Libre de Amsterdam, que sería libre de la iglesia y del estado, y que ofrecería al mundo las bondades de la educación bajo la influencia directa de la gracia de Dios.

---

3. A. Kuyper, "Sphere Sovereignty," en *Abraham Kuyper: A Centennial Reader*, editado por James D. Bratt (Grand Rapids, MI: Eerdmans, 1998), 488.

La posición que se toma en este capítulo hacia lo secular adopta el modelo de la soberanía de esferas y la gracia común y asume que, en particular, Dios está trabajando en la tradición educativa de la educación del carácter y la virtud.

Prolegómeno 2: Acerca de las Palabras

Un segundo asunto preliminar trata de un puñado de palabras especializadas asociadas con la educación del carácter y la virtud. Es importante aclarar nuestra caja de herramientas conceptuales, tanto para evitar la ambigüedad como para invitar a la conversación a quienes no son expertos en estos temas específicos.

En primer lugar, ¿qué se entiende por la *educación del carácter*? La palabra "carácter" se utiliza hoy para significar una variedad de cosas, incluyendo rasgos de personalidad, inteligencia emocional, estilos de liderazgo y estilos de aprendizaje. Ninguno de esos significados se usa en este capítulo. El uso pretendido aquí se basa en la tradición milenaria de la educación del carácter que tiene que ver con el entrenamiento formativo de las disposiciones morales. Esta formación es más que una prescripción de normas y reglamentos, ya que tiene como objetivo dar forma permanente a la perspectiva moral y a la disposición general de un individuo. En resumen, la educación del carácter, como la usamos aquí, aborda la educación de la esfera del ser moral.

Por otra parte, estamos hablando de la educación del carácter y la virtud, y esto plantea la pregunta de qué significa "virtud"[4]. El tema es muy amplio, pero la presunción aquí es que las virtudes tienen que ver con disposiciones que involucran a todo nuestro ser y nos llevan a pensar, desear, sentir, percibir y hacer lo que es bueno. Acerca de las virtudes se pueden decir muchas cosas. Estas se pueden agrupar y podemos construir taxonomías de virtudes como las virtudes cardinales, morales, cristianas, cívicas, intelectuales y demás. Las virtudes operan en una serie de esferas que son significativas y distintivas de la vida humana; pueden ser privadas o públicas, materiales o inmateriales, relacionadas con Dios, con uno mismo, con otros o con objetos. Están orientados a un accionar loable específico: ser justos, prudentes, valientes, mesurados, humildes o misericordiosos. Son estables puesto que, como decía

---

4. La definición usada aquí es ampliamente utilizada por el Jubilee Centre for Character and Virtues: "Las virtudes constituyen agrupaciones de disposición estables que conciernen al funcionamiento loable en un número de esferas significativas y distintivas de la vida humana" (J. Arthur et al., *Teaching Character and Virtue in Schools* [London: Routledge, 2017], 28).

Aristóteles, una golondrina sola no hace verano. La virtud debe ser algo sostenido si ha de formar parte del carácter. Y, finalmente, las virtudes llevan al florecimiento humano: la educación del carácter y la virtud toma por sentado que somos creados para la virtud y que alcanzamos nuestro *telos* como seres humanos en la medida que encarnamos las virtudes.

Uno podría preguntar si es permisible usar el término más familiar de la formación espiritual como sinónimo y sustituto de la educación del carácter y la virtud. La respuesta corta es que no.[5] Aunque puede haber alguna superposición, no es lo mismo: la formación espiritual tiene que ver principalmente con nuestra relación con Dios, mientras que la educación del carácter y la virtud se centra en nuestro crecimiento moral. Esta distinción es educativamente importante, y nos hacemos daño si no abordamos esta imprecisión.[6]

Ese no es el único problema. Al pensar en la divisoria sagrado-secular, es poco útil privilegiar a la formación espiritual por sobre la educación del carácter, porque supone una jerarquía (en donde la espiritualidad es más importante), y una dicotomía (entre la religión y el florecimiento humano), que en realidad refuerzan la divisoria sagrado-secular en lugar de traspasarla.

Una tradición compartida

Llegamos ahora a la primera parte del argumento, que considera cómo la educación del carácter y la virtud, como tradición compartida, puede ayudar a traspasar la divisoria sagrado-secular. Hay mucho en común entre las tradiciones seculares de carácter y virtud y las tradiciones cristianas, y esto puede representar un potente punto de contacto. Mediante un recorrido

---

5. Para una discusión erudita de esta distinción, véase D. Kelsey, "Reflections on a Discussion of Theological Education as Character Formation," *Theological Education* 25, no. 1 (1988), 62–75.

6. Ott comenta sobre la posible desconexión entre la espiritualidad y el carácter: "A primera vista, puede parecer que el desarrollo del carácter es parte de la espiritualidad. . . . Debemos, sin embargo, añadir lo que Paul Tournier alguna vez comentó, que especialmente entre gente piadosa, parecería haber solo unos pocos que tienen un carácter totalmente desarrollado. No es siempre el caso, al parecer, que las personas piadosas también son personas maduras" (B. Ott, *Understanding and Developing Theological Education* [Carlisle: Langham Global Library, 2016], 225). De hecho, Lindbeck nos recuerda que "los neuróticos pueden ser santos" (G. Lindbeck, "Formación Espiritual y Educación Teológica", *Educación Teológica*, Suplemento 1 [1988]: 13).

rápido por algunas de las principales épocas de la historia occidental podemos aprender que, a lo largo de los siglos, la tradición de la educación del carácter y la virtud ha sido una lingua franca compartida por filósofos y teólogos. Los ejemplos que siguen son solo ilustrativos y selectivos.

Tiempos antiguos

Podemos encontrar muchas instancias del compromiso secular con el carácter y la virtud en los tiempos antiguos. Por ejemplo, en la enseñanza de Confucio en las *Analectas*, es central la idea del *Ren* como la virtud perfecta.[7] Las colecciones mesopotámicas de literatura épica y sapiencial, como *La Epopeya de Gilgamesh* también están repletas de los conceptos de carácter y virtud.[8] Eso mismo lo vemos también en la literatura "sagrada" del Antiguo Testamento, donde podemos encontrar valiosas colecciones de listas éticas, así como historias heroicas de virtud y de vicio. Se puede alegar que los libros sapienciales, como Proverbios, son muy cercanos en su enfoque al tipo de ética de la virtud que sostiene la educación del carácter y la virtud, pues encontramos que aquellos que temen al Señor no solo han de hacer buenas acciones, sino también ser personas afectuosas, confiables, humildes, autocontroladas, prudentes, justas, honestas, amables, generosas, veraces, mansas, pacientes, fieles, diligentes, amantes del conocimiento y fervorosas.

La Antigüedad Clásica

La antigüedad clásica es probablemente la cumbre del enfoque en el carácter y la virtud en la cultura occidental, tanto en ámbitos sacros como seculares. Cualquier estudioso de los clásicos confirmará que el carácter y la virtud son conceptos clave en la visión platónica y aristotélica de la vida y de la naturaleza humana,[9] y las prácticas de carácter y virtud forman el núcleo tanto de la *Paideia* griega como de la educación romana basada en la *virtus*. Una y otra

---

7. *Ren* también podría traducirse como "benevolencia", "bondad" o "humanidad" (S. Luo, "Confucio's Virtue Politics: Ren as Leadership Virtue," *Asian Philosophy* 22, no. 1 [. 2012]: 15).

8. Mientras Gilgamesh deambula "hay crecimiento moral: aprende, cambia" (T. Abusch, "The Development and Meaning of the Epic of Gilgamesh," *Journal of the American Oriental Society* 121, no. 4 [2001]: 615).

9. *La República* de Platón, por ejemplo, a menudo es considerado un gran tratado político, pero de hecho es un tratado educativo sobre la crianza de la naturaleza humana virtuosa para formar el estado ideal.

vez, encontramos el carácter y la virtud como denominadores comunes en las enseñanzas de Sócrates, Platón, Aristóteles, Séneca y Cicerón, en cuanto sientan las bases de la cultura Occidental.

Aunque en la iglesia primitiva hubo mucho debate sobre la relación entre la filosofía y la teología, en la antigüedad clásica aquellos del lado sacro de la ecuación practicaron un diálogo provechoso con la cultura del carácter y la virtud. Mucho podría escribirse de cómo el Nuevo Testamento mismo ofrece evidencia de este diálogo, en sus historias de héroes virtuosos y sus listas éticas. Con respecto a esto último, por ejemplo, el Nuevo Testamento cuenta con al menos ocho listas éticas de vicios y catorce listas éticas de virtudes, siendo la más notable el Sermón del Monte,[10] con muchas virtudes idénticas a las que se encuentran en las listas seculares.[11] El tema de la buena vida moral como manifestación del evangelio y como fuente de profunda felicidad también es una clave para leer muchas de las epístolas[12] (ciertamente Romanos y Santiago). y encontramos conceptos y palabras importantes en el Nuevo Testamento que son compartidas con el mundo clásico, como una andragogía de imitación, la visión de la sabiduría como discernimiento para hacer el bien, o palabras específicas como *arête*[13] y *dikaiosune*.[14]

---

10. Véase, por ejemplo, N. T. Wright en cuanto a los vínculos entre las Bienaventuranzas y la virtud (N. T. Wright, *After You Believe* [New York: Harper Collins, 2010], 103–108). Wright dice que las Bienaventuranzas podrían ser confundidas con una lista de reglas, pero son mucho más como virtudes.

11. Está más allá del alcance de este capítulo detallar las diferencias entre la tradición clásica de la educación del carácter y la virtud y la visión que surge del Nuevo Testamento. Queda claro que no son idénticas, y hay diferencias importantes, como la aparición en algunas listas éticas como el Sermón en el Monte de virtudes como el perdón, el amor y la modestia que eran relativamente ajenas al mundo clásico asertivo. Y, sin embargo, "muchos eruditos ha afirmado que al catalogar estas 'virtudes' Pablo ha tomado prestada 'una lista contemporánea de un libro de texto de instrucción ética, y la ha hecho propia,' usando el material de la misma manera en que los filósofos morales paganos de su día la habrían usado para instruir a sus adherentes" (Peter O ' Brien, *The Epístle to the Philippians: A Commentary on the Greek Text*, The New International Greek Testament Commentary [Grand Rapids, MI: Eerdmans, 1991], 501).

12. Véase, por ejemplo, el comentario sobre Fil 4:8–9 en O'Brien, *Epístle to the Philippians*.

13. Esta es una palabra clave de la filosofía griega para describir la virtud. Pablo la usa en Fil 4:8 para resumir una lista ética y Pedro en 2P 1 como un componente clave de la vida de la fe.

14. Aristóteles, por ejemplo, reinterpretó *dikaiosune* como *arête*, usando los dos términos como sinónimos. Pero para Platón, *dikaousune* era la "asignación de cada parte del alma a su función particular, y a ninguna otra" (A. MacIntyre, *After Virtue* [London: Duckworth, 2007], 141).

En este período, la iglesia primitiva también interactuó con su contraparte secular en torno al carácter y la virtud. Los padres y madres del desierto, por ejemplo, anclaron su visión mística en el control sobre las pasiones del vicio como el camino hacia la santidad, la virtud y la unión con Dios.[15] Las enseñanzas de Orígenes están llenas de referencias a la virtud,[16] al igual que las de Cassia.[17] Agustín, en *La Ciudad de Dios*, también se involucra profundamente con la tradición del carácter y la virtud, y Ambrosio intencionalmente imita el *De Officiis* de Cicerón cuando establece el camino del carácter y la virtud en el entrenamiento de los sacerdotes de la iglesia.

LaEdad Media

En la Edad Media, la filosofía está dominada por Aristóteles y vemos una proliferación de literatura en torno a las virtudes. La obra más famosa probablemente sea la Divina Comedia *de Dante* en la cual el cielo, el infierno y el purgatorio están organizados según los vicios y las virtudes. También

---

15. Juan el Enano brinda un ejemplo de una lista ética: " Creo que es mejor que un hombre tenga un poco de todas las virtudes. Por lo tanto, levántate temprano todos los días y adquiere el principio de cada virtud y de cada mandamiento de Dios. Usa gran paciencia, con temor y constancia, en el amor de Dios, con todo el fervor de tu alma y tu cuerpo. Practica una gran humildad, soporta la angustia interior; está alerta y ora a menudo con reverencia y gemidos, con pureza de voz y control de tus ojos. Cuando te desprecien no te enojes; quédate en paz, y no pagues mal por mal. No prestes atención a las faltas de los demás, y no trates de compararte con otros; considera que eres menos que cada cosa creada. Renuncia a todo lo material y lo que es de la carne. Vive por la cruz, en la guerra, en la pobreza del espíritu, en el ascetismo espiritual voluntario, en el ayuno, la penitencia y las lágrimas, en el discernimiento, en la pureza del alma, aférrate a lo que es bueno. Haz tu trabajo en paz. Persevera en mantener la vigilia, en el hambre y la sed, en el frío y la desnudez, y en los sufrimientos. Enciérrate en una tumba como si estuvieras ya muerto, para que en todo momento pienses que la muerte está cerca " (citado en B. Ward, *The Sayings of the Desert Fathers* [Kalamazoo, MI: Cicercian, 1975], 92).

16. "Los maestros de Alejandría en su mayoría no estaban interesados en transmitir conocimientos o habilidades intelectuales. Estaban interesados en la formación moral y espiritual" (R. J. Neuhaus, *Theological Education and Moral Formation* [Grand Rapids, MI: Eerdmans, 1992], 42).

17. Casiano menciona un "árbol de la virtud" en su *Institutiones*, indicando que el orgullo es el vicio que más fácilmente atacará a los que más cerca están de lograr todas las otras virtudes. "No hay entonces otra falta tan destructiva de todas las virtudes, que roba y despoja a un hombre de toda justicia y santidad, como este mal del orgullo, que como una enfermedad pestilente ataca a todo el hombre, y, no satisfecho con dañar solo una parte o una extremidad, lesiona a todo el cuerpo con su influencia mortal, y se esfuerza en echar abajo con una caída fatal, y destruye a aquellos que ya estaban en la cima del árbol de la virtud" (*Institutiones* 12.3). "Generalmente ataca solamente a los que han conquistado las faltas anteriores y ya casi han llegado a la cima del árbol en cuanto a las virtudes" (*Institutiones* 24).

la política está profundamente saturada por esta visión, como ilustran, por ejemplo, los frescos de Lorenzetti en *El Palazzo dei Governatori* de Siena, que representan una visión fantástica de la virtud y sus efectos en el gobierno, que conduce a bienestar, belleza, industria, educación, esparcimiento, arte, seguridad, prosperidad y convivencia pacífica, todo en contraposición con una visión horrorosa de los efectos de un gobierno lleno de vicio en la ciudad y el campo.

Del lado "sacro" de la conversación encontramos al movimiento monástico poniendo un énfasis recurrente en la virtud, siendo las reglas de San Benito y de San Francisco las instancias más notables. También vemos que algunos de los grandes teólogos están lidiando con la virtud y el vicio. Abelardo, por ejemplo, lucha con la tradición clásica de los filósofos paganos, apoyándose con seguridad en Cicerón para argumentar que los filósofos antiguos pudieron escribir con eficacia sobre las virtudes porque ellos mismos eran personas virtuosas, y señalando a una larga tradición de escritores cristianos, incluyendo a Agustín, Alcuino y Ambrosio, que se comprometieron fructíferamente con los escritos clásicos sobre las virtudes. Aquinas es claramente el gigante *sacro* en este período, y se dedica a escribir ampliamente sobre la virtud, dedicando mucho espacio en la *Prima* y *Secunda Secundae* de su *Summa Theologiae* a ofrecer una contribución definitiva a la teología del carácter y la virtud.[18]

El Renacimiento y la Modernidad

No hay espacio para explorar a pleno la tradición del carácter y la virtud en el Renacimiento y la Modernidad, pero vale notar que todos los principales filósofos de este período interactuaron de manera significativa con esta tradición. Entre ellos podemos enumerar, con seguridad, a Locke, Hume, Kant, Marx, Tocqueville y Emerson. John Locke, por ejemplo, en su muy influyente Pensamientos sobre la educación, afirmó que el objetivo más importante de la educación es crear al hombre virtuoso. Del otro lado de la divisoria también continuó el diálogo en torno a esta tradición, y encontramos a teólogos cristianos, educadores y fundadores de movimientos eclesiales profundamente comprometidos con cuestiones de carácter y virtud. Podemos mencionar, por ejemplo, individuos notables como Tomás de Kempis, Comenius, Spener y los

---

18. Véase el capítulo 47 del *Summa*, que es particularmente rico en referencias a las virtudes.

fundadores del movimiento jesuita. También encontramos a Melanchthon, el educador en la Reforma, quien creía que todos los niveles de educación "no solo debían estudiar el tema en cuestión, sino también crear virtud".[19]

Hoy

Llegando al presente, hay desarrollos notables del lado secular de la ecuación, donde se puede ver un renacimiento en el redescubrimiento del valor del carácter y la virtud en la sociedad. Se ofrecen premios Nobel por las virtudes de la justicia, la generosidad, la compasión y la paz, y el buen carácter es considerado esencial para disminuir las tasas de criminalidad. En investigaciones académicas aparece la virtud como un factor que limita el materialismo en la sociedad, y en el mundo del trabajo se reconoce que las prácticas empresariales no virtuosas conducen a aumentar la entropía, el desorden y la ineficiencia. La virtud se señala cada vez más como aquello que es bueno para la sociedad, beneficioso para la salud, que promueve la práctica del derecho y es fundamental para la democracia. En la educación hay un autentico renacimiento de la ética de la virtud neoaristotélica y es más y más frecuente encontrar programas de educación de carácter y virtud en instituciones académicas y en políticas educativas estatales.

Pero, ¿qué está pasando hoy en la iglesia y en la educación teológica? A medida que el mundo reconsidera la virtud, la iglesia se ha alejado del moralismo, por temor a parecer legalista, sectaria y poco acogedora. Por ende pareciera que la iglesia ha perdido un vocabulario para hablar de la virtud. Un cautiverio acrítico a los paradigmas del situacionalismo también ha debilitado la posición de las iglesias en torno a lo que es bueno. No es solo un titubeo ante dilemas morales difíciles como el aborto, el pacifismo o la sexualidad humana, sino una reticencia más genérica a expresar un compromiso explícito siquiera con las virtudes generales. Una revisión de publicaciones recientes de manuales de discipulado evangélicos, por ejemplo, revela que los modelos de discipulado rara vez cuentan con referencias directas al carácter y la virtud.

A la vez, en la educación teológica, poco se ofrece a nivel de programas de grado que hace que la educación del carácter y la virtud sea clara, central e intencional. En discontinuidad con épocas anteriores, el lado "sacro" de la

---

19. Citado en P. Sheldrake, *A Brief History of Spirituality* (Oxford: Blackwell, 2007), 72.

conversación sobre carácter y virtud parece brillar por su relativo silencio, tanto en la iglesia como en las instituciones académicas de teología. Tal vez los educadores teológicos se preguntan (como lo hace Stanley Fish[20]) si la educación del carácter y la virtud cae dentro de lo que le compete, y deciden "bajar la puntería" y considerar solo los objetivos de la educación profesional y académica. Tal vez los educadores teológicos no están seguros de cómo resultaría la evaluación o la acreditación, y les cuesta diseñar resultados de aprendizaje y planes de estudio que incluyen el carácter y la virtud. O tal vez los educadores teológicos están simplemente atrapados en la perpetuación de los conocidos paradigmas educativos posilustración que tienen poco espacio curricular para esos objetivos formativos.

Sea lo que sea, la educación teológica parece haberse caído de los hombros de gigantes y, a pesar de su singular herencia y potencial, se está ausentando del discurso y de la práctica de la virtud. Al hacer eso, no solo empobrece su contribución a la vida de sus graduados, sino que también abandona un puente natural hacia lo secular. En la medida en que la conversación entre la sociedad secular, las filosofías educativas y la educación teológica en torno a la educación del carácter y la virtud no está sucediendo, perderemos una oportunidad natural para el diálogo sagrado-secular.

Un objetivo compartido

En la segunda sección de este capítulo consideramos la educación del carácter y la virtud como un objetivo compartido que puede aunar lo sagrado y lo secular. Apuntamos no tanto al pasado como al presente y al futuro. En particular, exploraremos cómo se puede utilizar a la educación teológica para capacitar a los graduados, que cumplen una especie de *missio Dei* que resuena fuertemente con las necesidades y deseos de la sociedad. En los objetivos de la educación del carácter y la virtud podemos encontrar una partitura compartida que tanto las comunidades sacras como laicas pueden interpretar.

El "Compromiso de Ciudad del Cabo" le recordó al mundo evangélico que su *missio Dei* era más que evangelismo y plantación de iglesias, que incluía

---

20. Este debate se encuentra en E. Kiss y P. Euben, *Debating Moral Education* (Durham/London: Duke University Press, 2010).

una misión para mejorar la sociedad. En el Compromiso se afirma que damos "testimonio de Jesucristo . . . en cada esfera de la sociedad, y en el mundo de las ideas" . . . y que "misión integral significa discernir, proclamar y vivir la verdad bíblica de que el evangelio es buenas noticias de parte de Dios . . . . para la sociedad".[21]

Estos tres objetivos pueden ser desempacados como una agenda para el diálogo entre la educación teológica y la sociedad secular en torno al carácter y la virtud.

Compartiendo ideas

Los cristianos necesitan dar testimonio de Jesucristo en el ámbito de ideas específicas acerca de qué significa ser una buena persona y cómo llegar a serlo. Esto es algo que a la sociedad le interesa. La sociedad mira a la filosofía para que le diga qué es la virtud y a la educación para ayudarle a nutrir la bondad. La educación teológica, ¿tiene algo que aportar en esta búsqueda? ¿La teología tiene ideas acerca de la virtud? ¿Puede la educación que se hace en torno a la disciplina de la teología desarrollar y compartir ideas con la sociedad más amplia acerca de qué tipo de prácticas formativas e intencionales moldearán el carácter y fomentarán la virtud? ¿No deberían los educadores teológicos publicar en las revistas de esta temática, y unirse al coro de ideas y voces en busca de lo bueno?

Estas preguntas conllevan respuestas afirmativas. La fe cristiana está singularmente equipada para construir sobre la tradición de la educación del carácter y la virtud a través de una profunda transformación interior que va más allá de la técnica educativa, la enseñanza sabia y el impulso motivacional. En efecto, la idea que tenemos para compartir es que Jesucristo ha venido a darnos el poder de convertirnos en el tipo de persona virtuosa del que Aristóteles soñó y que la sociedad está buscando hoy.

Impactando a la sociedad

Cuando hablamos de impactar a la sociedad y a la cultura, mucho dependerá de la posición tomada en el debate sobre *Cristo y Cultura* de Niebuhr. Estamos

---

21. Tomado del "Compromiso de Ciudad del Cabo," https://www.lausanne.org/es/contenido/compromiso, Prólogo y Sección 7.

asumiendo aquí el modelo "Cristo convierte la cultura", donde la tarea cristiana incluye trabajar con Cristo para convertir y transformar a la cultura.

Pensando en la educación teológica y en la educación del carácter y la virtud, tenemos ante nosotros una oportunidad para impactar la cultura en el nivel más fundamental, moldeando un carácter virtuoso en los individuos. Los problemas de la sociedad y de la cultura no son organizacionales, ni se deben a la falta de leyes y reglamentos. Los problemas de la sociedad comienzan a nivel del carácter individual y es allí donde la educación teológica puede marcar la diferencia. En la medida que esto suceda, los educadores teológicos se unen a lo secular en torno a un objetivo compartido. En la sección anterior vimos cómo la sociedad ha redescubierto el valor del carácter y la virtud. La sociedad quiere una cultura de justicia, equidad, paz y orden. La UNESCO, por ejemplo, analiza las emergencias mundiales —crecimiento poblacional, contaminación, calentamiento global y suministro energético—, y sostiene que la respuesta está en un mayor marco moral en la educación superior.[22] Las necesidades sentidas y más profundas del mundo son abordadas a través de mujeres y hombres de virtud, y la educación teológica se perfila como un poderoso contribuyente a nivel global.

> En tanto graduados con virtud y carácter egresan de un programa de educación teológica, bendicen a la sociedad siendo buenos ciudadanos y trayendo beneficios generales. Más virtud fortalecerá los lazos sociales solidarios. Reducirá el crimen y la delincuencia. Combatirá eficazmente la corrupción y aumentará la productividad. Aumentará la justicia y reducirá la necesidad de justicia punitiva. Mejorará la democracia, porque si se le da poder a gente buena, es probable que habrá buenos resultados para todos… La educación teológica está estratégicamente posicionada alrededor del planeta para proporcionar una sólida inyección de ciudadanos virtuosos a la sociedad. Esto no es solamente algo

---

22. Véase *Report on the World Conference on Higher Education* (UNESCO, 1998) https://unesdoc.unesco.org/ark:/48223/pf0000113664?posInSet=2&queryId=28942914-f30a-42df-bf44-bd3e3fda9e0f, acceso 26 octubre 2020.

bueno en sí mismo, sino que puede ser una poderosa apología de la relevancia de la fe cristiana.[23]

Siendo Buenas Noticias

Seamos francos, la sociedad secular no tiene una opinión muy positiva de la educación teológica, ni le encuentra mucho uso a la disciplina de la teología. Aunque se necesita un argumento mucho más amplio para responder a esta percepción equivocada, un argumento inicial a favor de la relevancia de la educación teológica radica en su capacidad singular de inyectar ciudadanos virtuosos en la sociedad. Esto también puede convertirse en una poderosa apología de la relevancia de la fe cristiana. En la medida en que el yugo del racionalismo se ha debilitado y la arremetida del postmodernismo ha disminuido la tracción de la apologética clásica y proposicional, *ser buenas noticias* y contribuir ciudadanos virtuosos a la sociedad puede representar un nuevo abordaje para la apologética.

En esta nueva apologética, la educación teológica tiene un papel fundamental, ya que no hay mejor caldo de cultivo para el carácter y la virtud que una institución de educación teológica. La educación teológica, de hecho, trata con adultos que aceptan la propuesta formativa; con futuros líderes; con aquellos que tienen un Espíritu transformador obrando en ellos; con aquellos que están altamente motivados y moralmente alerta. Trata con estudiantes durante un período suficientemente prolongado como para empoderar prácticas habituales. Trata de una disciplina naturalmente interconectada (la teología) y está arraigada en una tradición gigantesca que hace lugar a una perfecta y fluida integración de objetivos relacionados con la virtud. Trata con aquellos que entran en tipos de empleo que exigen carácter y virtud y trata con grupos interesados que valoran la virtud. Ninguna otra institución de la sociedad ofrece una combinación tan única.

Este capítulo alega que la educación del carácter y la virtud puede contribuir a una nueva línea de estrategia apologética, basada en la acción, a través de la educación teológica. En la medida en que la educación teológica

---

23. M. Oxenham, *Character and Virtue in Theological Education* (Carlisle: Langham Global Library, 2019), 18.

cristiana aporta mujeres y hombres de carácter y virtud a la sociedad, asume un testimonio significativo en torno a la relevancia del cristianismo.

Conclusión

Es el año 1610, y Miguel Ángel Merisi, también conocido como Caravaggio, está prófugo tras haber matado a un hombre en los callejones de Roma. Como parte de su petición de clemencia a Paulo V, Caravaggio le ofrece una pintura de *David y Goliat*. Esta es probablemente su última obra ya que morirá de fiebre poco después, en su viaje de regreso a Roma. Ha pintado la historia de David y Goliat antes, pero esta vez es diferente. Es autobiográfico, y señala un profundo cambio de carácter. La imagen de la cabeza de Goliat, con los ojos aún abiertos, es de hecho un autorretrato de Caravaggio. En la espada de Goliat, empuñada por David, puede leerse la inscripción *HASOS*. Son las siglas del lema agustino *humiditas occidit superbiam*: "la humildad conquista el orgullo". Esta es la última obra de Caravaggio, y su último mensaje al mundo: "Después de una vida de orgullo, la humildad me ha conquistado".

Hoy en día la educación teológica en todo el mundo está sufriendo del dominio filisteo de académicos, del pensamiento científico y crítico, de los paradigmas de medición para la acreditación, de las trampas de eficiencia de la profesionalización y del orgullo del logro y el ranking. En cuanto hemos servido a Goliat, nosotros mismos nos hemos vuelto como él, y en este tiempo de esclavitud la educación teológica cristiana lucha por encontrar un lugar para aquello que está en su corazón: la formación integral de los seres humanos del Reino.

Pero no toda la armadura de Goliat es mala. Su espada es una buena espada. Lleva la marca de la humildad, que es la virtud inicial en la formación del carácter y la virtud. Es hora de volver a empuñar esta espada y, allí donde pudimos haber errado, cortar la orgullosa cabeza. Que la humildad conquiste el orgullo y abra una nueva temporada de trabajo del Reino.

Preguntas para la reflexión personal y grupal

1. Tome un momento para reflexionar sobre los tres modelos mencionados por el autor que describen maneras en que la gracia común de Dios está obrando

en el mundo: (a) a través de la iglesia; (b) en la iglesia; (c) en la iglesia y en el mundo —la soberanía de las esferas. ¿Cuáles de estas maneras de entender la gracia común han estado más presentes en sus propias suposiciones, y en aquellas de su institución teológica y de su tradición de fe?

2. Piense en su propio contexto. ¿de qué maneras influyen estas suposiciones sobre la gracia común en cómo los cristianos interpretan el mundo y se relacionan con la sociedad secular? Converse sobre ejemplos personales y ejemplos que son representativos de su contexto de seminario e iglesia.

3. Considere las formas en que el currículo de su institución trata la formación del carácter y la virtud (en el sentido en que lo define el autor). Evalúe las estrategias curriculares y cocurriculares del desarrollo del carácter y la virtud que ya existen en su institución teológica. ¿Es una fortaleza de su institución? ¿Cómo se puede enfocar y fortalecer más en el currículo del seminario?

4. Reflexione sobre su propia tradición de fe y la de otras iglesias evangélicas en su contexto. ¿Hasta qué punto está presente la formación del carácter y la virtud en los abordajes y en las prácticas de discipulado que se usan comúnmente? ¿Qué sugerencias puede ofrecer para fortalecer el desarrollo moral y ético cristiano a través de los ministerios de enseñanza y discipulado de la iglesia local? ¿En qué área de su enseñanza puede explorar y fomentar estas ideas con sus estudiantes?

5. Reflexione y evalúe la afirmación del autor de que la educación del carácter y la virtud constituye un objetivo compartido tanto para las comunidades sacras como para las laicas, y como tal constituye una parte clave de la misión integral.

6. Tome una pausa y ore por algunas de las comunidades e instituciones seculares de su entorno local.

7. Con respecto a la propuesta de una "agenda para un diálogo entre la educación teológica y la sociedad secular en torno al carácter y la virtud", ¿qué forma podría tomar en la práctica? Comparta ejemplos de iglesias e instituciones teológicas en su contexto que han sido eficaces en el cumplimiento del triple objetivo de compartir ideas, impactar a la sociedad y ser buenas noticias.

8. Converse sobre maneras prácticas en las que estos mismos objetivos se podrían lograr en un grado mayor a través de su propio ministerio de enseñanza, de su institución teológica y de su contexto de iglesia.

9. Tome una pausa y ore por el compromiso de su institución con las ideas y prácticas del desarrollo del carácter.

Referencias

Abusch, T. "The Development and Meaning of the Epic of Gilgamesh." *Journal of the American Oriental Society* 121, no. 4 (2001): 614–622.

Arthur, J., et al. *Teaching Character and Virtue in Schools*. London: Routledge, 2017.

Johnson, G. P. "The Myth of Common Grace." *The Trinity Review*, March/April 1987. Accesado 27 Noviembre 2018. http://trinityfoundation.org/PDF/The%20Trinity%20Review%200055a%20TheMythofCommonGrace.pdf.

Kelsey, D. "Reflections on a Discussion of Theological Education as Character Formation." *Theological Education* 25, no. 1 (1988): 62–75.

Kiss, E., y P. Euben. *Debating Moral Education*. Durham/London: Duke University Press, 2010.

Kuyper, A. *Common Grace: God's Gifts for a Fallen World*. Ashland: Lexham Press, 2015.

———. "Sphere Sovereignty." En *Abraham Kuyper: A Centennial Reader*, editado por James D. Bratt, 461–490. Grand Rapids, MI: Eerdmans, 1998.

Lindbeck, G. "Spiritual Formation and Theological Education." *Theological Education*, Supplement 1 (1988): 10–23.

Luo, S. "Confucius's Virtue Politics: Ren as Leadership Virtue." *Asian Philosophy* 22, no. 1 (Feb. 2012): 15–35.

MacIntyre, A. *After Virtue*. London: Duckworth, 2007.

Mouw, Richard, J. "Some Reflections on Sphere Sovereignty." En *Religion, Pluralism and Public Life: Abraham Kuyper's Legacy for the Twenty-First Century*, editado por Luis E. Lugo, 160–182. Grand Rapids, MI: Eerdmans, 2000.

Neuhaus, R. J. *Theological Education and Moral Formation*. Grand Rapids, MI: Eerdmans, 1992.

O'Brien, Peter. *The Epistle to the Philippians: A Commentary on the Greek Text*. The New International Greek Testament Commentary. Grand Rapids, MI: Eerdmans, 1991.

Ott, B. *Understanding and Developing Theological Education*. Carlisle: Langham Global Library, 2016.

Oxenham, M. *Character and Virtue in Theological Education*. Carlisle: Langham Global Library, 2019.

Sheldrake, P. *A Brief History of Spirituality*. Oxford: Blackwell, 2007.

Ward, B. *The Sayings of the Desert Fathers*. Kalamazoo, MI: Cicercian, 1975.

Wright, N. T. *After You Believe*. New York: Harper Collins, 2010.

5

La formación de la identidad pastoral en la educación teológica

Marilyn Naidoo

Qué hace que una persona cambie de ser alguien que simplemente conoce de la Biblia, la práctica de la iglesia y el cuidado pastoral a ser un pastor real, a ser alguien que es un líder, que está seguro en su identidad personal, que actúa con la autoridad apropiada, y que vive su vocación con pasión e integridad? La formación del pastor necesita de cierta cantidad de reflexión sobre cómo integrar la teoría y la práctica, la habilidad y la sabiduría, y el ser y hacer que emana de una identidad pastoral firme. Este capítulo destaca que la experiencia de entrenamiento teológico es un momento crítico para desarrollar la autoconciencia en los estudiantes, para que puedan fortalecer los aspectos frágiles y dispares de sí mismos y su papel en lo que respecta a los diversos círculos de responsabilidad, rendición de cuentas y ministerio. Este trabajo se conoce como la formación de identidad e involucra procesos de la comunidad estudiantil y del seminario.

Para evitar confusiones y comprender la interacción, es importante señalar que la formación de la identidad se encuadra dentro del ámbito general de la formación ministerial o pastoral. La formación ministerial es el concepto más amplio. Es una actividad multifacética que incluye pensamiento crítico, la adquisición de conocimientos, el desarrollo de habilidades pastorales y la formación de la identidad religiosa, junto con el desarrollo de la madurez espiritual que se espera de un ministro eclesial.[1] Las prácticas formativas involucran a toda la persona; no aíslan los aspectos espirituales, intelectuales o profesionales de la vida de la persona. Los evangélicos, en cambio, se refieren a este concepto amplio de desarrollo como "formación espiritual", un conjunto un tanto ambiguo[2] de individuos, énfasis y prácticas que se ocupan de la naturaleza y la dinámica del crecimiento en la santidad cristiana. Sin embargo, en las líneas más históricas de las tradiciones protestantes y católicorromanas, la formación espiritual[3] es vista como solo una parte de la formación ministerial y atañe solamente a la relación espiritual de una persona con Dios. En este capítulo adopto el segundo enfoque, es decir, que la formación de la identidad es solo una parte del complejo trabajo de la formación ministerial. La formación ministerial o pastoral trata del "desarrollo continuo y progresivo de la identidad hacia lo que se puede describir como su mayor autenticidad, una identidad más auténtica y una vocación de autenticidad".[4] La integridad en el ministerio requiere de una reflexión acerca de la vida y la vocación, para que un ministro pueda, como dice Parker Palmer, sentirse "en casa en su propia alma".[5] Para estar en casa en su alma uno debe saber quién es, cómo está constituido y formado, qué valores y prejuicios aún alberga, y qué cree acerca de los que son diferentes de uno mismo. Aquí, la formación de la identidad se desarrolla en torno a la idea de la autenticidad, que se refiere a desarrollar la coherencia interna dentro de la persona.

---

1. Marilyn Naidoo, "Ministerial Formation and Practical Theology," *International Journal of Practical Theology* 19, no. 1 (2015): 1–25.
2. "Ambiguo" debido a la ausencia de un sistema ampliamente reconocido y unificado para la práctica espiritual; queda en manos de los expositores individuales y de los creyentes relacionar los principios bíblicos con los aspectos prácticos de la vida cotidiana en un mundo moderno. Esto produce una amplia y a menudo contradictoria variedad de interpretaciones y es confuso para aquellos que tratan de entender la enseñanza bíblica y practicar la espiritualidad evangélica. Véase David Parker, "Evangelical Spirituality Reviewed", *The Evangelical Quarterly* 63, no. 2 (1991): 123–148.
3. Joretta Marshall, "Formative Practices: Intent, Structure, and Content," *Reflective Practice: Formation and Supervision in Ministry* 29 (2009): 56–72.
4. Parker Palmer, *The Courage to Teach: Exploring the Inner Landscape of a Teacher's Life* (San Francisco: Jossey-Bass, 2007), 50.
5. Palmer, *Courage to Teach*, 56.

El liderazgo cristiano no es acerca del porte y los privilegios externos del cargo sino del profundo sentido de identidad que viene de moldearse uno mismo como siervo del evangelio. Para algunos "se reduce de manera pragmática a aprender lo que un ministro debe hacer, una bien construida autoimagen".[6] Tal abordaje al ministerio es formulaico e impulsado por agendas personales. Considerando la disfunción personal en el ministerio, la falta de habilidades interpersonales y el aumento de conductas inapropiadas del clero, la tendencia a ocultar partes de quien uno realmente es tiene implicaciones para el ministerio público. El liderazgo en general está lleno de tentaciones y presenta amplias oportunidades para diversos tipos de abuso.[7] El autoengaño y el deludir a otros, el mal uso del tiempo y los recursos, la manipulación de otros mediante el uso del conocimiento y el poder profesional y otras formas de perversidades son posibles.

La educación teológica debe proporcionar bases sólidas para la identidad pastoral, para que los futuros pastores puedan hacer sus determinaciones con discernimiento, basados en entendimientos bien formulados en lugar de ofrecer "soluciones rápidas".[8] Muchas instituciones teológicas han sido pasivas e inseguras en cuanto a cómo desarrollar una educación formativa.[9] Por tanto es importante entender lo que implica la formación de la identidad, ya que esta conciencia puede ayudar a los educadores teológicos que participan en el proceso de formación a ayudar al estudiante a determinar su rol social como "pastor" o "misionero" e integrar con éxito su ser profesional en sus múltiples identidades, a fin de lograr un actuar auténtico.

---

6. James R. Estep y Jonathan H. Kim, *Christian Formation: Integrating Theology and Human Development* (Nashville: B&H, 2010), 23.
7. Virginia S. Cetuk, *What to Expect in Seminary: Theological Education as Spiritual Formation* (Nashville: Abingdon, 1998), 45.
8. Gregory Jones y Kevin Armstrong, *Resurrecting Excellence: Shaping Faithful Christian Ministry* (Grand Rapids, MI: Eerdmans, 2006), 6.
9. Véase Walter Liefeld y Linda Cannell, "Spiritual Formation and Theological Education," en *Alive to God: Studies in Spirituality*, ed. J. I. Packer y Loren Wilkinson (Downers Grove, IL: InterVarsity Press, 1992), 239–252, para una discusión de las diversas investigaciones realizadas en seminarios protestantes de EE.UU, como ejemplo.

La divisoria sagrado-secular

El concepto del desarrollo de la identidad de no puede entenderse sin entender a la persona humana y a la psicología humana. A medida que trazamos conexiones entre el enfoque de nutrir la coherencia interna y la divisoria sagrado-secular, necesitamos notar dos importantes desafíos en este sentido: nuestra comprensión teológica de la persona humana, y nuestra comprensión de la vocación. Tomar en serio estos asuntos puede reducir la brecha sagrado-secular y ayudar a dar forma a los intentos formativos de una manera más significativa.

En primer lugar, afirmamos que el cristianismo está comprometido con lo secular por razón de la creación y la encarnación. Es importante tener en cuenta que en la comprensión de la vida interior, se ha enfatizado la doctrina de la salvación a expensas de la doctrina de la creación. Como resultado, los esfuerzos formativos evangélicos han operado sin un entendimiento suficientemente matizado de la criaturidad, la corporalidad y la sociabilidad humanas. Esta dicotomía refleja el abordaje platónico[10] con su concepción dualista de la persona humana —compuesta de espíritu y cuerpo. La distinción fundamental entre lo material y lo físico, entre el alma y el cuerpo, y entre la vida interior de la realidad espiritual y la vida externa de lo cotidiano, ha sido problemática. El cristianismo evangélico ha sido criticado por su perspectiva persistentemente ultramundana,[11] que se niega a tomar en serio esta vida, y "confunde 'la carne' (*sarx*) con el 'cuerpo' (*soma*), como si cualquier cosa material fuera intrínsecamente malvada y el cuerpo no pudiera convertirse en el templo del Espíritu Santo".[12]

La formación ministerial, incluida la formación de identidad, es humana, porque se ocupa del proceso de desarrollo humano, ya que es allí donde vivimos y desde donde vivimos. Como criaturas moldeadas por Dios, nuestras identidades son una mezcla de nuestra constitución genética, nuestra historia, cultura y crianza familiar, nuestras experiencias — todo lo que ha contribuido a hacernos personas únicas. En nuestra humanidad estamos construidos de

---

10. Rodney Starke y Roger Finke, *Acts of Faith: Explaining the Human Side of Religion* (Berkeley, CA: University of California Press, 2000), 112.
11. Mark A. Noll, *Between Faith and Criticism* (Vancouver: Regent College Pub., 2004), 6.
12. Parker, "Evangelical Spirituality," 126.

manera holística con una integralidad y completitud que no nos permite ser fraccionados. Somos seres humanos en nuestra totalidad, portadores de la imagen de Dios, y tenemos un "estatus especial" en la creación.[13] La doctrina clásica del *imago Dei* sugiere que los seres humanos están equipados con intelecto y voluntad, habilidades y deseos para conocer y realizar su potencial tanto como sea posible en el contexto de la vida corporal y cotidiana. En una era de despersonalización, necesitamos una antropología teológica fundamentada en la humanidad de Jesucristo (es decir, el enfoque cristológico del *imago Dei*) que realmente oriente, y reoriente, lo que significa ser plena y verdaderamente humano.[14] Es importante señalar que la humanidad de Cristo (Col 2:9-10) relaciona lo sagrado con lo secular, transformando y reposicionando a la humanidad en el mundo. La obra de Cristo vino a rehabilitar su imagen en *todas* las personas. Así, participamos en la humanidad plena de Cristo, siendo esta la fuente del crecimiento de nuestra propia humanidad y reuniendo lo sagrado y lo secular en nuestras comunidades.

Por demasiado tiempo hemos sostenido una antropología que asume a las personas como seres pensantes . La suposición es que si una persona piensa correctamente, actuará correctamente. Sin embargo, la formación ministerial involucra más que enseñar a los estudiantes a pensar de una manera particular; requiere que esas formas de pensar se vinculen constructivamente con formas de ser y de hacer. Smith, usando la neurociencia cognitiva y la psicología social, sostiene que los seres humanos, en su esencia, no son principalmente seres pensantes sino "animales litúrgicos".[15] Su argumento es que la antropología está "profundamente corporizada en la fisicidad real de la personalidad humana e incrustada en el contexto social del ser humano en relación".[16] En este sentido, sabemos que la Biblia afirma que el mundo material es creado por Dios; nos recuerda que Jesús tenía un cuerpo, y que aún tiene uno; y promete que la vida eterna incluye un nuevo cuerpo e implica una nueva tierra, así como un nuevo cielo. Este conocimiento debe influir en cómo comprendemos nuestra propia

---

13. Stanley J. Grenz, *Theology for the Community of God* (Grand Rapids, MI: Eerdmans, 1994), 177-180.
14. Estep y Kim, *Christian Formation*, 35.
15. James K. A. Smith, *Desiring the Kingdom: Worship Worldview and Cultural Formation* (Grand Rapids, MI: Baker Academic, 2009), 65.
16. Smith, *Desiring the Kingdom*, 69.

humanidad. Esto de ninguna manera reduce la participación del Espíritu Santo, sino que reconoce que la humanidad fue creada para estar en relación con Dios. La divisoria sagrado-secular, sin embargo, hace creer a la gente que el arte, la música y las muchas maneras en que los seres humanos expresan el don divino de la creatividad humana no tienen lugar en el reino de Dios —a menos que manifiesten temas bíblicos de manera explícita.[17] De modo similar, la divisoria sagrado-secular conduce a una visión negativa del cuerpo y de los placeres físicos.

Parte del desafío de poner en práctica este enfoque integrado de transformación espiritual puede venir de la impaciencia espiritual que se manifiesta en el largo camino a la transformación, una tendencia agravada por las presiones de una cultura de implacable hiperactividad. Cuando se mezcla con el profundo pragmatismo de nuestra cultura, puede caer en un perezoso antintelectualismo que busca poco más que un puñado de "pasos simples para el éxito espiritual", lo cual refleja una racionalidad instrumental demasiado básica centrada en el "comportamiento correcto".[18] Además, debido a que la formación espiritual permanece firmemente arraigada en las Escrituras como única autoridad en cuestiones de fe y práctica, se tiende a relegar las fuentes extrabíblicas —como percepciones sobre la maduración espiritual que provienen de la psicología, la historia de la iglesia, la experiencia subjetiva y la filosofía— porque parecen alentar prácticas y principios que no son explícitamente avalados por el texto bíblico (por ejemplo, la dirección espiritual, mantener un diario, retiros silenciosos) en lugar de centrarse en principios bíblicos y normativos de crecimiento. Sin embargo, según Porter, lo que debería ser nuestra mayor preocupación es si el principio o la práctica puede ser afirmada a partir de la revelación general y especial de Dios.[19]

---

17. Nancy R. Pearcey, *Total Truth: Liberating Christianity from Its Cultural Captivity* (Wheaton, IL: Crossway, 2004), 67.

18. Dada esta comprensión de la vida cristiana, si el creyente falla en su esfuerzo (como él o ella sin duda lo hará), la única ayuda ofrecida es una exhortación a confesarse, arrepentirse y esforzarse más la próxima vez. Véase el análisis de John Coe en "Resisting the Temptation of Moral Formation: Opening to Spiritual Formation in the Cross and Spirit," *Journal of Spiritual Formation and Soul Care* 1, no. 1 (2008): 54–78.

19. Steve L. Porter, "Sanctification in a New Key: Relieving Evangelical Anxieties over Spiritual Formation," *Journal of Spiritual Formation Soul Care* 1, no. 2 (2008): 129–148.

En segundo lugar, el concepto de vocación es central al establecer vínculos con lo sagrado y lo secular. Cuando pastores y líderes cristianos hablan de razones para escoger el ministerio, inevitablemente incluyen un componente de "llamado" divino que refiere a un "llamado" a salirse del trabajo ordinario para dedicarse al ministerio a tiempo completo —en otras palabras, no es un llamado general a cualquier ministerio posible. El término "vocación" que proviene de la palabra latina para llamado, se construye como algo individual, profundamente personal, una experiencia única y esencial para la ordenación. Pero, con todo eso, persiste el hecho de que frecuentemente y sin reflexión manifestamos la divisoria sagrado-secular. El ensayo de John Stott intitulado "Orientación, vocación y ministerio"[20] es útil en cuanto subraya que la voluntad general de Dios para toda persona cristiana es que crezca en semejanza a Cristo. Stott explica que Dios tiene una voluntad particular para cada cristiano, que es su "vocación". En el uso bíblico de "vocación", observa Stott, el "énfasis no está en lo humano (lo que hacemos) sino en lo divino (lo que *Dios* nos ha llamado a hacer).

Lo que debemos tomar en cuenta es que nuestros llamados individuales son a aquello que Dios quiera que cada uno de nosotros haga a fin de cumplir el mandato cultural y la Gran Comisión. Esta observación es lo que llevó al reformador Martín Lutero a insistir en que "los sastres, los zapateros, los albañiles, los carpinteros, los cocineros, los mesoneros, los agricultores y todos los artesanos temporales han sido 'consagrados' para el trabajo y al cargo de [su] oficio". tal como los pastores lo han sido para sus cargos.[21] Lutero reconoció que cuando usamos de manera correcta la palabra "llamado", no queda espacio para pensar que solo ciertos trabajos son sagrados en tanto que otros son seculares. Vinoth Ramachandra sugiere que los teólogos deben "ayudar a los artistas, economistas, médicos y otros profesionales a reflexionar, en perspectiva cristiana, sobre sus llamados "seculares".[22] Sin embargo, la educación teológica tiende a empoderar solo a una élite, y no a todo el pueblo de Dios. Una persona

---

20. En John Stott, *El cristiano contemporaneo* (Buenos Aires: Nueva Creación, 1995), 123–134. En inglés, The Contemporary Christian (Downers Grove, IL: InterVarsity Press, 1992), 128–140.
21. Citado en Richard T. Hughes, *The Vocation of a Christian Scholar: How Christian Faith Can Sustain the Life of the Mind* (Grand Rapids, MI: Eerdmans, 2005), 45.
22. Howard Peskett y Vinoth Ramachandra, *The Message of Mission* (Bangalore: SAIACS Press, 2003), 35.

que experimenta un llamado divino "en su vida" sirve a Dios "como líder espiritual". Y así tenemos la división entre aquellos que sirven en posiciones "seculares" y los que sirven a tiempo completo. Al demoler esta dicotomía, nos damos cuenta que a Dios le importa todo el trabajo que hacemos.[23] El núcleo más íntimo de la persona se ocupa de las creencias, de la identidad y la misión, y de preguntas altamente personales sobre el fin para el cual quiere trabajar el pastor o el trabajador cristiano, o incluso lo que él o ella ve como su llamado personal en el mundo. La pregunta trata de eso que está profundo dentro nuestro que nos mueve a hacer lo que hacemos.

La divisoria sagrado-secular pone a estos dos asuntos —la personalidad humana y la vocación— en el punto focal, y ambos están profundamente ligados al concepto de identidad. Este capítulo ofrece un modelo de formación de identidad que forma estudiantes teológicos a nivel corporativo e individual. Si los educadores teológicos pueden profundizar su conciencia de cómo la identidad está siendo moldeada en los seminarios, esta conciencia puede generar nuevas prácticas que luego podrán traspasar la divisoria entre lo secular y lo sagrado.

Formación de identidad

Lo singular de la profesión pastoral abarca la identidad del pastor, que está vinculado a la persona, y la competencia del pastor, que, a su vez, impacta en la profesión. La identidad se refiere a un sentido de integralidad personal, y hay distinciones que hacer entre la identidad personal, la pastoral y la teológica.[24] Hay dos preguntas importantes en esta conexión: "¿Quién soy yo?" y "¿Qué se supone que debo hacer?" Heitink advierte que uno debe darse cuenta que los tres estados de existencia —el ser, a la vez, pastor, creyente y ser humano— interactúan constantemente como estímulos, mientras que factores externos de naturaleza social o teológica pueden agregar a la crisis.[25]

---

23. George M. Marsden, *Evangelicalism and Modern America* (Grand Rapids, MI: Eerdmans, 1984), xiv.
24. Gerben Heitink, *Practical Theology: History, Theory, Action Domains – Manual for Practical Theology* (Grand Rapids, MI: Eerdmans, 1993), 311.
25. Heitink, *Practical Theology*, 312.

La identidad, entonces, es una construcción compleja, un continuo formar y reformar de la persona. Es "múltiple, dinámico, relacional, situado, arraigado en relaciones de poder y, aún así, negociable".[26] El modelo clásico de Erikson[27] ve la identidad como una unidad interior que luego es desestabilizada por los conflictos de desarrollo, mientras que Parker Palmer[28] considera la identidad como un "nexo en evolución donde todas las fuerzas convergen en el misterio del yo". En *"Educando al clero"* Charles Foster y sus colegas[29] sostienen que la formación está en el centro de la educación del clero porque, en comparación con otras profesiones, la formación del clero está particularmente interesada en cuestiones de "sentido, propósito e identidad". Educar al clero, afirman, debería involucrar mucho más que el conocimiento cognitivo, porque su objetivo principal es permitir que el estudiante se convierta en una persona que piensa, siente y actúa de cierta manera.

Es importante tener en cuenta que los estudiantes siempre están siendo formados y moldeados, dentro y fuera de la educación, ya sea intencional o no. Los educadores teológicos asumen que las personas han sido formadas y moldeadas en el contexto de la iglesia local y que han desarrollado su espiritualidad antes de llegar al seminario, pero puede no ser el caso. Lo que es cierto es que los estudiantes que llegan a un seminario lo hacen ya formados por una variedad de experiencias de vida y de cultura popular, y tienen puntos de vista interiorizados sobre la teología, las tradiciones de la iglesia, las cuestiones raciales, las clases sociales y económicas, la diversidad religiosa, etc. Los estudiantes asumen que las instituciones teológicas les ayudarán a integrar su espiritualidad, su carácter y sus luchas personales, y a menudo quedan decepcionados al darse cuenta que la educación teológica no les ha ayudado en este sentido.

A medida que los estudiantes teológicos hacen la transición de sus estudios teológicos al mundo del ministerio en una congregación, se presta muy poca atención a cómo van construyendo su identidad pública como pastores o a

---

26. Steph Lawler, *Identity: Sociological Perspectives* (Cambridge: Polity, 2008), 45.
27. Erik H. Erickson, *Identity: Youth and Crisis* (New York: Norton, 1968).
28. Palmer, *Courage to Teach*, 13.
29. Charles Foster, Lisa Dahill, Larry Golemon y Barbara Tolentino, *Educating Clergy: Teaching Practices and Pastoral Imaginations* (San Francisco: Jossey-Bass, 2006), 101.

cómo desarrollan su coherencia interior. La integración de los aprendizajes queda como responsabilidad del estudiante, y hay poca reflexión sobre temas de identidad y formación. Los estudiantes pueden experimentar bastante ansiedad o depresión en sus primeros años de ministerio. Es posible que les cueste diferenciar entre su identidad personal y la identidad pastoral. Su comprensión de sí mismos y de cómo nutrir relaciones interpersonales apropiadas, en relación con su llamado vocacional, puede no ser tan clara. Por tanto, los estudiantes tienen derecho a preguntar: ¿De qué manera mi identidad como mujer joven, africana y negra, de tradición evangélica y teológicamente conservadora moldea cómo veo el mundo y cómo actúo en el ministerio cristiano?, ¿Cómo se percibe mi identidad y mi género en el contexto de mi iglesia?, y ¿hay suficiente espacio para que sea yo misma? En mi contexto sudafricano, con su opresiva historia política y las cicatrices psicológicas del racismo, trabajar bien los asuntos de identidad es el punto de inicio para un ministerio cristiano auténtico.[30] Los estudiantes necesitan trabajar sus propias preocupaciones personales y desarrollar una coherencia interior desde la cual actuar. Esto es porque la identidad abarca cómo las personas se entienden a sí mismas, cómo interpretan sus experiencias, cómo se presentan y desean ser percibidas por otros, y cómo son reconocidas por la comunidad en general. Si las personas no han llegado a hacer las paces con quienes son como individuos, entonces ninguna cantidad de preparación les ayudará. Es más, eso mismo resaltará su sentido de insuficiencia y de no tener un lugar propio y apropiado.

Un modelo para la formación de la identidad

Es importante señalar que la identidad se forma a través de la cognición individual *y* de procesos socioculturales que construyen conocimiento.[31] Debido a las limitaciones de espacio, mencionaré brevemente el enfoque de la Perspectiva de la Personalidad y la Estructura Social (PSSP, por sus siglas en inglés) que es un marco útil para entender mejor las dificultades y complejidades

---

30. Marilyn Naidoo, "An Empirical Study on Spiritual Formation at Theological Training Institutions in South Africa," *Religion and Theology* 18, no. 4 (2011): 118–146.
31. Lawler, *Identity*, 34.

de la formación de la identidad.[32] El modelo PSSP "conceptualiza los procesos subyacentes al desarrollo de la identidad profesional de los estudiantes de dos maneras":[33]

1. A nivel colectivo, que comprende la socialización de la persona en roles y formas de participación apropiados para el entorno;
2. A nivel del individuo, que comprende el desarrollo psicológico de la persona, e involucra intervenciones pedagógicas y metodológicas.

A nivel colectivo

La formación de la identidad es, por naturaleza, principalmente social y relacional y está fuertemente influenciada por la institución y el entorno social, económico y político más amplio. Dentro de una estructura social, o una cultura institucional, hay formas reguladas en las cuales las personas se relacionan y organizan la vida social —las normas no escritas. Se espera que los recién llegados observen el comportamiento grupal, aprendan lo que es aceptable para el grupo y, consecuentemente, se adapten a él.

En una estructura social hay sistemas de reconocimiento y no reconocimiento, dispuestas a lo largo de las líneas de falla de raza, género, sexualidad, clase, etnia, etc. "Una manera en que funciona el poder regulador es categorizando a las personas en términos mediante los cuales se entienden a sí mismos".[34] Las identidades son moldeadas por las percepciones de los espacios que ocupan. Las personas se someten a las reglas y normas engendradas por el conocimiento acerca de estas identidades. Por ejemplo, se espera que, como mujer, actúe de cierta manera y llegue a entender mi identidad según ello. Estas identidades son aprendidas y son fruto de las prácticas sociales.

Mediante las *interacciones* en la estructura social, los estudiantes empiezan *a internalizar* las expectativas sociales, los comportamientos y los valores de la profesión, y son *socializados* en la cultura institucional y la tradición de la iglesia. En esta etapa, los estudiantes son muy sensibles a cómo son percibidos por los demás y si están haciendo las cosas bien. Es probable que quieran

---

32. James S. House, "The Three Faces of Social Psychology," *Sociometry* 40, no. 2 (1977): 161–177.
33. James E. Cote y Charles G. Levine, *Identity, Formation, Agency and Culture* (Mahwah, NJ: Lawrence Erlbaum Associates, 2002), 20.
34. Michel Foucault, *Power/Knowledge* (Brighton: Harvester Wheatsheaf, 1980), 11.

conocer las reglas que marcan las acciones y los comportamientos apropiados: buscarán que figuras de autoridad les den dirección y tranquilidad de que están haciendo bien las cosas y encajando. Una consecuencia importante de la interacción diaria con otros es su *construcción social de la realidad*.

A nivel individual

La formación de la identidad individual sucede al nivel de la personalidad "que involucra el dominio intrapsíquico del funcionamiento humano, tradicionalmente estudiado por psicólogos y psicoanalistas del desarrollo, y se conoce como la psique, la estructura cognitiva, el yo, etc., dependiendo de la escuela de pensamiento".[35]

Durante las interacciones, los estudiantes intentan manejar las impresiones que otros tienen de ellos y gestionar la identidad que buscan retratar. Este aspecto performativo del yo puede llegar a ser inconsciente, con un continuo ensayo del rol, y puede ser influenciado por la cultura institucional. Los estudiantes necesitan lograr un autoconcepto social y un sentido de autoestima que impulse el proceso. La identidad de la persona puede clasificarse en tres niveles:[36]

- *La identidad social*, que se refiere a la posición de la persona en la cultura y la presión por encajar en los roles culturales aceptados. Aquí el estilo personal permite la individualidad.
- *La identidad personal*, que se refiere al encaje entre la identidad social de la persona como "estudiante teológico" y su historia de vida particular.
- *La identidad del yo (ego)*, que es un sentido de continuidad, fundamentalmente subjetivo y característico de la personalidad. Es afectado por factores intrapsíquicos y disposiciones biológicas.

Los estudiantes también saben cómo "comportarse" y "sobrevivir" en el entorno. Esto es especialmente cierto en caso de necesitar una recomendación para ser ordenados, circunstancia en la cual los estudiantes no pondrán en peligro sus chances de obtenerla. Un estudiante puede llegar a tener una

---

35. Cote y Levine, *Identity, Formation*, 65.
36. Cote y Levine, 73–75.

identidad difusa, que depende de la validación y dirección de otros en situaciones cotidianas concretas —en vez de mantener un marco de referencia interior—[37] que conlleva la tendencia a ocultar partes de su verdadero yo. Esto se debe a que su concepto de sí mismo y su identidad social se convierten en asuntos de supervivencia.

Recapitulando, es a través de procesos grupales e individuales que la estructura social se mantiene o se altera, que las interacciones pueden normalizarse (e incluso convertirse en discriminación) o interrumpirse, y que la personalidad del individuo se mantiene continua o se promueve el cambio. La estructura social se reproduce cuando se mantiene el statu quo, se transmite la cultura institucional y se aplican los mecanismos de control social.[38] El estudiante gradualmente logra mayor pericia en las tareas, el vocabulario y los principios organizativos de la comunidad profesional. De esta manera, la competencia se alinea más con el rol del pastor, en un proceso de formación de la identidad.

Implicaciones para la educación teológica

La identidad se desarrolla en las relaciones interaccionales con el trascurso del tiempo y está más influenciada por el currículo oculto que por las experiencias de enseñanza formal. La estructura social de la cultura del seminario es donde los estudiantes están siendo formados, positiva o negativamente. Dentro de los seminarios hay patrones de comportamiento que están arraigados, que con el tiempo se han establecido como "la forma en que se hacen las cosas", dentro de los entornos jerárquicos. En las organizaciones hay grupos que son más poderosos que otros —el liderazgo, la dirección, el personal y la cultura dominante, que tienen la capacidad de manipular las señales culturales y el mensaje que la institución proyecta tanto interna como externamente. Dentro de la cultura del seminario los estudiantes están siendo educados y formados según el ethos y los valores de la denominación eclesial a la que responde,

---

37. Cote y Levine, 100.
38. Anthony Giddens, *The Constitution of Society: Outline of the Theory of Structuration* (Cambridge: Polity, 1964).

cuyo autoritarismo[39] es a menudo patriarcal y jerárquico. Por ejemplo, debido a actitudes y prácticas eclesiales sexistas, las mujeres a menudo experimentan abuso de parte del privilegio patriarcal. El problema con esto es que refleja un fracaso: no se ha percibido que una gran variedad de lenguaje y de comportamientos refuerza lo que sigue siendo un campo de juego desigual.

Es importante señalar que la relación entre la facultad, el personal y los estudiantes comunica fuertes mensajes acerca de la naturaleza del liderazgo y de la comunidad. Como afirma Shaw, "cuando se privilegia a un grupo de estudiantes sobre otro, muestra que estos grupos se valoran más por sobre otros. Cuando existen conflictos interpersonales no resueltos en una institución, los estudiantes no tomarán en serio las lecciones que abogan por la necesidad de la reconciliación".[40] Los estudiantes rápidamente llegan a entender las relaciones de poder dentro de la comunidad teológica y subconscientemente transportan ese modelo a sus trabajos.

Cabe señalar que la interacción social es fundamental para el proceso de desarrollo de la identidad. Las instituciones teológicas deberían estar atentas a la naturaleza socialmente construida de la identidad,[41] ya que es imposible conocerse a uno mismo por fuera de la socialización cultural y de género que informa esa vida. Dado que la identidad es socialmente construida, bien puede ser socialmente deconstruida y reconstruida o cambiada para permitir interacciones que contribuyan positivamente a la formación de la identidad. Necesitamos confrontar los sistemas de opresión, como el racismo institucional y el sexismo arraigado en nuestras instituciones. Quizás tengamos que reconocer "que las políticas institucionales pueden estar culturalmente comprometidas y pueden reflejar la cultura dominante", con lo cual inadvertidamente pueden

---

39. Marilyn Naidoo, "An Ethnographic Study on Managing Diversity in Two Protestant Theological Colleges," *HTS Theological Studies* 72, no. 1 (2016): 1–7.
40. Perry Shaw, Transformando la Educación Teológica (Carlisle: Langham Global Library, 2018),xx. Versión en inglés: Perry Shaw,*Transforming Theological Education* (Carlisle: Langham Global Library, 2014), 82.
41. Elizabeth J. Tisdell y Derise E. Tolliver, "Claiming a Sacred Face: The Role of Spirituality and Cultural Identity in Transformative Adult Higher Education," *Journal of Transformative Education* 1, no. 4 (2003): 368–392.

privilegiar a algunos grupos.[42] Según Christerson y otros, la "transformación de las identidades es más probable cuando las personas del grupo social dominante en la sociedad son conscientes de su posición privilegiada y están dispuestas a conceder".[43] Ser conscientes de los mensajes y comprometerse a participar en discusiones difíciles ayudarán a la inclusión.

En el aula, esto también implicaría conectar con los estudiantes allí donde están y desempacar su ubicación social, lo cual ayuda a poner de relieve los temas de identidad, para que los estudiantes puedan interactuar con las intersecciones entre sus creencias religiosas, sus construcciones teológicas y las realidades sociales. Los estudiantes son seres humanos que traen consigo sus propias narrativas e historias de vida, incluyendo múltiples fortalezas y vulnerabilidades. Les ayuda ver cómo sus propias ubicaciones sociales los predisponen a interpretar comportamientos. Y a medida que los estudiantes siguen reflexionando, comienzan a aflorar conjuntos de valores distintivos, puntos de vista sobre el "otro" y entendimientos del mundo. La idea es que si los estudiantes pueden empezar a articular y afirmar la diversidad de sus propias identidades culturales —su ser que es esencialmente multifacético— entonces estarán en una mejor posición para involucrar también a "otros" que son diferentes a ellos. Si todos son "interculturales" de una manera u otra, entonces se hace más difícil reducir a los "otros" a estereotipos acríticos. Cambiar la forma en que uno ve al otro requiere de un esfuerzo consciente y persistente, y solo puede comenzar cuando un estudiante empieza a cuestionarse a sí mismo en relación con sus proyecciones de diferencia. Por supuesto que esto trae consigo la disrupción de significados, conocimientos y zonas de confort, pero la libertad de darme a conocer *a mí mismo*, de construir y dar a conocer mi historia de vida individual como identidad, me da el derecho de ser alguien. Para que haya igualdad de dignidad tiene que ser reconocida la identidad única y singular de cada individuo. Este proceso de concientización[44] permite

---

42. Allison N. Ash y Laurie A Schreiner, "Pathways to Success for Students of Colour in Christian Colleges: The Role of Institutional Integrity and Sense of Community," *Christian Higher Education* 15, no. 1–2 (2016): 41.
43. Brad Christerson, Korie L. Edwards y Michael O. Emerson, *Against All Odds: The Struggle for Racial Integration in Religious Organizations* (New York: New York University Press, 2005), 161.
44. Paulo Freire, Pedagogía del oprimido (Mexico: Siglo XXI, 1970). En inglés, *Pedagogy of the Oppressed* (New York: Continuum, 1970).

que los estudiantes reflexionen sobre la ubicación social y la construcción de identidad, y pasa de la confrontación con el sistema a la autoconciencia y a la rearticulación.[45] Por ejemplo, los graduados, al hacer la transición al ministerio, harían bien en considerar las particularidades del ciclo de vida a las que se enfrentan. Una persona que ingresa al ministerio en la etapa media de la vida reflexionaría de manera diferente acerca de sus estudios y la supervisión impactaría su ministerio de manera diferente. Es aquí donde los estudiantes pueden reflexionar sobre su identidad social y sobre cómo las áreas de vulnerabilidad psicológica moldean esa transición.

Por último, dado que la formación de la identidad se produce a través de la cognición individual *y* de los procesos socioculturales que construyen el conocimiento, los educadores teológicos necesitan maximizar las oportunidades existentes en los diversos ámbitos relacionales. Ya que los mentores y referentes desempeñan un papel importante al demostrar el comportamiento apropiado, los educadores deben ofrecer retroalimentación apropiada, ejercicios reflexivos y oportunidades para experimentar. Los educadores deben proporcionar el espacio pedagógico para entender los desarrollos identitarios. Los talleres de autoconciencia son útiles. Los educadores también necesitan estar atentos a estructuras discriminatorias dentro de la institución y deben apoyar el trabajo intrapersonal en donde el estudiante busca hacer cambios conceptuales en sus creencias y acciones.

Conclusión

La educación en su sentido más amplio tiene que ver con la transformación del yo hacia nuevas formas de pensar y relacionarse. El modelo PSSP de desarrollo de la identidad pone de relieve la importancia del contexto sociocultural como entorno tanto para la formación *como* para los procesos interiores del individuo. Esta conciencia de cómo la cultura institucional del seminario moldea a los estudiantes corporativa e individualmente es un intento de ver más integralmente nuestra responsabilidad de formar a los estudiantes. Así

---

45. Jack A Hill, "Fighting the Elephant in the Room: Ethical Reflections on White Privilege and Other Systems of Advantage in the Teaching of Religion," *Teaching Theology & Religion* 12, no. 1 (2009): 3–23.

es como empezamos a cerrar la brecha sagrado-secular, involucrando a la persona humana en el desarrollo en su propia formación integral. Una vez que abrimos la puerta a explorar cómo se llega a ser una persona, abrimos la puerta a una conversación más profunda y compleja que incluye la agencia del Espíritu Santo, el papel de la voluntad humana, el lugar de la Palabra, la naturaleza del corazón y la necesidad de relacionarnos con los demás. Como Willard nos recuerda, "las dimensiones interiores del ser humano resultan en la transformación de toda la persona, incluyendo el cuerpo en su contexto social".[46] Los educadores teológicos también deben alentar el desarrollo de prácticas formativas continuas, de por vida, que ayuden a nutrir el sentido de vocación de un líder, lo cual nutre una perspectiva más rica del liderazgo cristiano.

Preguntas para la reflexión personal y grupal

1. Considere el grado en que la formación de la identidad para el ministerio está presente como un énfasis particular en el currículo y la cultura de su institución teológica.

2. Si está presente (quizás con otro nombre), ¿cómo se entiende la relación de la formación de la identidad con otros aspectos de la formación ministerial, como la formación espiritual?

3. Evalúe cómo un mayor énfasis en la formación de la identidad contribuiría a la autocomprensión de los estudiantes y los graduados con respecto a sus diversos llamados y vocaciones ministeriales, y sus roles y responsabilidades dentro de la sociedad como cristianos y líderes cristianos. ¿Ve algún problema con enfatizar la formación de la identidad en su contexto?

4. Basado en la observación de su propio contexto cultural, o del contexto particular de su iglesia, ¿cuáles son algunos conceptos erróneos comunes acerca del liderazgo cristiano y el discipulado que sirven para ampliar la brecha sagrado-secular . ¿Qué suposiciones subyacentes contribuyen a esta visión dualista de la vida y el ministerio cristianos?

---

46. Dallas Willard, *The Spirit of Discipline: Understanding How God Changes Lives* (New York: Harper, 1988).

5. Ore por los líderes cristianos de diferentes denominaciones en sus iglesias locales, su ciudad y su país.

6. Reflexione sobre las formas en que un entendimiento equilibrado e integral del liderazgo y el discipulado cristiano podría ser ampliado y reforzado dentro de la cultura institucional y los programas de capacitación de las iglesias locales a través del ministerio y la influencia de los docentes, estudiantes y graduados de su institución.

7. Dentro del marco que ofrece el modelo PSSP, comparta ejemplos de identidad colectiva e individual que considera que son aspectos esenciales de un entendimiento bíblico de la vocación, el ministerio y el liderazgo cristianos. Conversen sobre las implicaciones de los ejemplos mencionados para las formas en las que los cristianos se relacionan con la sociedad, a la vez que viven y ministran más allá de las cuatro paredes de la iglesia.

8. Ore pidiendo sabiduría para aplicar cualquier nuevo entendimiento en su propio ministerio y enseñanza y en la vida institucional de su seminario.

Referencias

Ash, Allison N., y Laurie A. Schreiner. "Pathways to Success for Students of Colour in Christian Colleges: The Role of Institutional Integrity and Sense of Community." *Christian Higher Education* 15, no. 1–2 (2016): 38–61.

Cetuk, Virginia S. *What to Expect in Seminary: Theological Education as Spiritual Formation*. Nashville: Abingdon, 1998.

Christerson, Brad, Korie L. Edwards y Michael O. Emerson. *Against All Odds: The Struggle for Racial Integration in Religious Organizations*. New York: New York University Press, 2005.

Coe, John. "Resisting the Temptation of Moral Formation: Opening to Spiritual Formation in the Cross and Spirit." *Journal of Spiritual Formation and Soul Care* 1, no. 1 (2008): 54–78.

Cote, James E. y Charles G. Levine. *Identity, Formation, Agency and Culture*. Mahwah, NJ: Lawrence Erlbaum Associates, 2002.

Erickson, Erik H. *Identity: Youth and Crisis*. New York: Norton, 1968.

Estep, James R., y Jonathon H. Kim. *Christian Formation: Integrating Theology and Human Development*. Nashville: B&H, 2010.

Foster, Charles, Lisa Dahill, Larry Golemon y Barbara Tolentino. *Educating Clergy: Teaching Practices and Pastoral Imaginations*. San Francisco: Jossey-Bass, 2006.

Foucault, Michel. *Power/Knowledge*. Brighton: Harvester Wheatsheaf, 1980.

Freire, Paulo. *Pedagogy of the Oppressed*. New York: Continuum, 1970.

———. Pedagogía del oprimido. Mexico: Siglo XXI, 1970

Giddens, Anthony. *The Constitution of Society: Outline of the Theory of Structuration*. Cambridge: Polity, 1964.

Grenz, Stanley J. *Theology for the Community of God*. Grand Rapids, MI: Eerdmans, 1994.

Heitink, Gerben. *Practical Theology: History, Theory, Action Domains – Manual for Practical Theology*. Grand Rapids, MI: Eerdmans, 1993.

Hill, Jack A. "Fighting the Elephant in the Room: Ethical Reflections on White Privilege and Other Systems of Advantage in the Teaching of Religion." *Teaching Theology & Religion* 12, no. 1 (2009): 3–23.

House, James S. "The Three Faces of Social Psychology." *Sociometry* 40, no. 2 (1977): 161–177.

Hughes, Richard T. *The Vocation of a Christian Scholar: How Christian Faith Can Sustain the Life of the Mind*. Grand Rapids, MI: Eerdmans, 2005.

Jones, Gregory, y Kevin Armstrong. *Resurrecting Excellence: Shaping Faithful Christian Ministry*. Grand Rapids, MI: Eerdmans, 2006.

Lawler, Steph. *Identity: Sociological Perspectives*. Cambridge: Polity, 2008.

Liefeld, Walter, y Linda Cannell. "Spiritual Formation and Theological Education." En *Alive to God: Studies in Spirituality*, editado por J. I. Packer y Loren Wilkinson, 239–252. Downers Grove, IL: InterVarsity Press, 1992.

Marsden, George M. *Evangelicalism and Modern America*. Grand Rapids, MI: Eerdmans, 1984.

Marshall, Joretta. "Formative Practices: Intent, Structure, and Content." *Reflective Practice: Formation and Supervision in Ministry* 29 (2009): 56–72.

Naidoo, Marilyn. "An Empirical Study on Spiritual Formation at Theological Training Institutions in South Africa." *Religion and Theology* 18, no. 4 (2011): 118–146.

———. "An Ethnographic Study on Managing Diversity in Two Protestant Theological Colleges." *HTS Theological Studies* 72, no. 1 (2016): 1–7.

———. "Ministerial Formation and Practical Theology." *International Journal of Practical Theology* 19, no. 1 (2015): 1–25.

Noll, Mark A. *Between Faith and Criticism*. Vancouver: Regent College Pub., 2004.

Palmer, Parker. *The Courage to Teach: Exploring the Inner Landscape of a Teacher's Life*. San Francisco: Jossey-Bass, 2007.

Parker, David. "Evangelical Spirituality Reviewed." *The Evangelical Quarterly* 63, no. 2 (1991): 123–148.

Pearcey, Nancy R. *Total Truth: Liberating Christianity from Its Cultural Captivity.* Wheaton, IL: Crossway, 2004.

Peskett, Howard, y Vinoth Ramachandra. *The Message of Mission.* Bangalore: SAIACS Press, 2003.

Porter, Steve L. "Sanctification in a New Key: Relieving Evangelical Anxieties over Spiritual Formation." *Journal of Spiritual Formation Soul Care* 1, no. 2 (2008): 129–148.

Shaw, Perry. *Transforming Theological Education.* Carlisle: Langham Global Library, 2014.

———. *Transformando la educación teológica.* Carlisle: Langham Global Library, 2018.

Smith, James K. A. *Desiring the Kingdom: Worship Worldview and Cultural Formation.* Grand Rapids, MI: Baker Academic, 2009.

Starke, Rodney, y Roger Finke. *Acts of Faith: Explaining the Human Side of Religion.* Berkeley, CA: University of California Press, 2000.

Stott, John. *The Contemporary Christian.* Downers Grove, IL: InterVarsity Press, 1992.

———. *El cristiano contemporaneo.* Buenos Aires: Nueva Creación, 1995.

Tisdell, Elizabeth J. y Derise E. Tolliver. "Claiming a Sacred Face: The Role of Spirituality and Cultural Identity in Transformative Adult Higher Education." *Journal of Transformative Education* 1, no. 4 (2003): 368–392.

Willard, Dallas. *The Spirit of Discipline: Understanding How God Changes Lives.* New York: Harper, 1988.

Sección 3

Un llamado a la iglesia

En el mundo de ICETE hay conversaciones frecuentes, y un acuerdo general, sobre la importancia de que la educación teológica sea tanto eclesial como misional. En esta sección nuestros autores dirigen la atención a la importancia de estos dos objetivos de la educación teológica. El primero se centra en la teología del trabajo y en la importancia que tiene para equipar a la mayoría de los cristianos en su lugar de trabajo. El segundo desarrolla la importancia misional del lugar de trabajo y la necesidad de la iglesia de equipar a las personas para ese ministerio.

En el capítulo 6, Tink y Reju se acercan al importante tema de la teología del trabajo. Basándose en numerosas ideas bíblicas, preguntan acerca de *ministros* que no son pastores profesionales. Se centran en las personas que son, a fin de cuentas, la mayoría en la iglesia. El capítulo ofrece un breve recuento histórico de los enfoques acerca del trabajo, mostrando cómo la Reforma reenfatizó el valor del trabajo y considerando el renovado interés por esta área que ha surgido en décadas recientes. Su trabajo con la Fundación Semillas de Mostaza demuestra algunas iniciativas prácticas que animan a la iglesia a valorar la teología del trabajo. Terminan con muchos ejemplos de empoderamiento para los trabajadores cristianos en sus diversos campos de trabajo.

Greene y Shaw comienzan con la conmovedora historia de Victoria, una joven mujer peluquera que demuestra formas prácticas y poderosas de vivir como cristiana en su lugar de trabajo. Una experiencia dividida de lo sagrado y lo secular desempodera a cristianos laicos, pero una sólida integración sienta las bases para que haya mucho más gozo y efectividad ministerial en el lugar de trabajo. En armonía con los autores del capítulo anterior, piden que los seminarios estén bien atentos a la importancia de esta tarea de equipamiento. Ofrecen muchos desafíos y preguntas prácticas para ser consideradas en el contexto del seminario y de la iglesia, a fin de ayudarles no solamente a reconocer la importancia del tema sino también a actuar sobre ello. Los autores iluminan el camino para que los cristianos en sus lugares de trabajo puedan desarrollar prácticas más misionales.

6

La teología del trabajo y la Fundación Semillas de Mostaza

Fletcher L. Tink y Oladotun Reju

Introducción

En Jueces 20:16 se cuenta la historia de los setecientos soldados de Guibeá, descritos como hombres escogidos que, con su mano izquierda, manejaban tan bien la honda que podían darle con la piedra a un cabello, sin fallar nunca.

Nos ha intrigado esta historia. ¿Por qué zurdos? ¿Por qué eran tan precisos? ¿Por qué organizarían una cuadrilla con una condición tan extraña? ¿Eran mejores combatientes que los diestros?

Al parecer, según las estadísticas, la expectativa de vida para las personas zurdas es más corta. A veces se aducen diferencias en las interconexiones neurológicas, o tal vez es por el estrés de una sociedad que favorece a los diestros. Según una teoría, estos hombres eran zurdos porque habían sido prisioneros de guerra en contiendas previas, y les habían cortado el brazo derecho para asegurarse de que nunca volvieran a pelear. Sin embargo, sorprendentemente, se reentrenaron para la batalla a pesar de su impedimento. ¡Y eran los mejores!

Desde hace once años, la Fundación Semillas de Mostaza ha presentado seminarios en todo el mundo animando a que la iglesia vuelva a enfocar en la importancia de entrenar a "laicos" para que se vean como guerreros zurdos adiestrados a la vanguardia de la misión, y para que lo hagan con una comprensión más profunda de la encomienda bíblica que los motiva al compromiso. Este capítulo aduce que, a pesar de nuestra afirmación teológica del sacerdocio de todos los creyentes, demasiado a menudo hemos optado por confiarle a los cristianos profesionales —o soldados diestros— la tarea de compartir el evangelio con el mundo, no solo en la proclamación verbal sino también para sembrar una mentalidad del Reino en las estructuras de la sociedad.

Este capítulo pasa revista a algunas premisas teológicas, considera el alcance y la diversidad de las iniciativas de la Fundación Semillas de Mostaza alrededor del mundo, reconoce otras iniciativas similares, y presenta estudios de caso de cómo las iglesias, las instituciones, las empresas y las comunidades son transformadas por guerreros laicos.

Nuestra ambivalencia hacia los que favorecen la zurda

Si se admite que la iglesia a menudo ha dependido de los profesionales diestros para la primera línea del ministerio y la misión, debemos preguntarnos si nosotros, como cristianos profesionales, hemos recortado parte del potencial de las personas laicas para llevar a cabo un ministerio significativo en ámbitos por fuera de la iglesia institucional. Reconocemos contar con una jerarquía eclesiástica implícita que destaca como los verdaderos ministros a misioneros, pastores, evangelistas, profesores teológicos y aquellos que reciben la ordenación oficial de las organizaciones religiosas. A la par de estos profesionales del ministerio, parecería que todos los demás son el elenco de apoyo. De hecho, parecería que nosotros los profesionales volamos por el mundo como si estuviéramos en clase ejecutivo o primera clase, mientras que todos los demás viajan en la parte posterior del avión, en clase económica.

Martín Lutero habló del sacerdocio de todos los creyentes. Sin embargo, a menudo funcionamos en dos mundos diferentes. Un grupo de cristianos ve su contexto de ministerio como "la iglesia reunida", mientras que otros pasan la mayor parte de sus vidas fuera de la iglesia formal, en el mundo laboral, en lo que podría llamarse "la iglesia esparcida". Según una equivocación común, el ministerio en la iglesia es sagrado, y todo lo demás es secular. Asimismo, a menudo tratamos al domingo como sagrado, mientras que de lunes a sábado la vida es normal y secularizada.

Nuestra experiencia ha demostrado que esta conceptualización equivocada ha coloreado la forma en que la mayoría de nuestras instituciones teológicas entrenan a futuros pastores y líderes para las iglesias. Esto, a su vez, impacta en cómo estos graduados eventualmente dirigen sus iglesias. Muchos creyentes viven vidas desconectadas, inseguros de cómo, en palabras de Paul Stevens, deben funcionar como cristianos en los otros seis días.[1]

Por ejemplo, en la realidad actual de Nigeria y de otras partes, donde brotan iglesias en cada esquina, parece faltar la transformación socioeconómica y política correspondiente. Nos hemos esmerado por predicar el evangelio cuantitativo de la salvación, enfocado en la piedad interior, en oposición al evangelio cualitativo del Reino que produce transformación social.

Esta realidad debería traernos de regreso a uno de los propósitos básicos de la teología: repensar nuestra comprensión de quién es Dios y de lo que vino a hacer en la tierra. Nuestra teología tiene serias implicaciones prácticas, como nos advierte William Temple: "Si tu concepción de Dios es radicalmente falsa, entonces cuanto más devoto eres, peor para ti. Te estás abriendo a ser moldeado por algo ruinoso; te sería mejor ser ateo".[2]

Una teología del trabajo fundamentada bíblicamente sirve como un correctivo necesario a las conceptualizaciones equivocadas ya mencionados, y desafía nuestras suposiciones eclesiológicas y misiológicas —y, por cierto, de todos los aspectos del entendimiento teológico.

Tal vez hemos olvidado que la mayoría de los héroes de la Biblia no recibieron acreditación profesional como líderes religiosos. Solo tenemos que traer a la memoria a Noé, constructor naval, a Abraham, ganadero, y a José, economista político y diseñador urbano. También podemos pensar en el rey David, pastor y músico, en Daniel, un trasplante político en medio de ámbitos imperiales, en Nehemías, jefe de seguridad del rey y en Esther, Miss Persia y reina. Los ejemplos del Nuevo Testamento incluyen a Lucas, médico, y a Priscilla y Aquila, una sociedad emprendedora tal vez dirigida por una mujer.

La mayoría de las parábolas de Jesús destaca contextos que no son ni la sinagoga ni el templo, y muchos se refieren a lugares de trabajo, como los

---

1. R. Paul Stevens, *The Other Six Days: Vocation, Work, and Ministry in Biblical Perspective* (Grand Rapids, MI: Eerdmans, 2000).
2. William Temple, *Christian Faith in Life* (New York: Macmillan, 1931), 24.

campos agrícolas, las oficinas de los jueces, el mercado, un sitio de construcción y, el lugar de trabajo más formativo, el hogar. El mismo Jesús pasó buena parte de su vida como aprendiz en una vocación a veces mal traducida como carpintero, pero mejor descrita como una profesión que combinaba elementos tanto de artesano como de ingeniero. ¿Estaba tratando de decirnos algo Dios con que las cualificaciones para que Jesús fuera conocido como rabí incluían que primero había estado involucrado en un oficio y en diseño creativo?

Cuatro o más de los doce discípulos eran emprendedores en la industria pesquera. Tal vez otros dos o tres eran militantes que querían derrocar el statu quo. Uno era un recaudador de impuestos. Irónicamente, pocos habrían podido superar los exámenes de ingreso teológicos, y ninguno habría podido producir un currículum con deslumbrante experiencia ministerial. Sin embargo, cada uno tenía habilidades transferibles que reflejaban lo que habían aprendido en sus profesiones, a pesar de ser descritos como "gente sin estudios ni preparación" (Hechos 4:13).

Pablo, el misionero consumado, nos dice con cierta satisfacción que se autosostenía como fabricante de tiendas, comprando pieles de animales a los curtidores impuros, los más bajos de lo bajo, y vendiendo su obra artesanal a los ricos beduinos, tal vez compartiendo su misión en ambos extremos de la sociedad y a aquellos de la clase profesional, como Priscilla y Aquila.

Las Escrituras presentan a Dios como el Trabajador Divino, activo en sus roles de creador, redentor, sustentador y consumador. Jesús dice de sí mismo, "Mi alimento es hacer la voluntad del que me envió y terminar su obra" (Juan 4:34). El propio trabajo de Jesús es una extensión del trabajo del Padre y el cumplimiento del trabajo que el Padre le ha dado para hacer: "Mi Padre aún hoy está trabajando, y yo también trabajo" (Juan 5:17). "Mientras sea de día, tenemos que llevar a cabo la obra del que me envió. Viene la noche cuando nadie puede trabajar" (Juan 9:4).

Si somos creados a imagen de Dios y luego redimidos a algo de nuestro diseño original, entonces reflejamos, en algún grado, su tarea de crear, redimir, sostener y consumar, aunque de manera limitada en el tiempo y el espacio. No hay ningún indicio en estos versículos de que algunos son llamados a trabajar religiosamente, mientras que otros reciben un pase libre.

Perspectivas bíblicas para una teología del trabajo

Los ejemplos mencionados no son sino una parte del fruto de las semillas de una teología del trabajo plantada en los primeros capítulos de Génesis.

En los primeros tres capítulos del Génesis, aprendemos que el trabajo en el jardín del Edén era un emprendimiento noble, visto como un regalo de Dios, una gran responsabilidad para con su creación y una forma primaria de adoración a Dios. En lo que muchos llaman el "mandato creacional" o el "mandato cultural"[3], a los humanos se les da múltiples tareas, no simplemente para llenar un horario con actividades y para parecer ocupados, sino más bien para extender y embellecer lo que Dios ya había creado.

Podemos considerar por lo menos cuatro componentes del mandato creacional de Génesis.

Primero, está el mandato de "Sean fructíferos y multiplíquense" (Gé 1:28); o "Sed fecundos y multiplicaos"(en la traducción La Palabra). Esto sugiere que Dios ama la plenitud —la creatividad continua que se mide por la cantidad y la calidad, en equilibrio creativo. La cantidad sin calidad es un crecimiento ruinoso, mientras que la calidad sin cantidad representa estancamiento. En este mandato está implícito tanto el desarrollo personal como el mejoramiento universal.

Segundo, Dios el Señor tomó al hombre y lo puso en el huerto en Edén "para que lo cultivara y lo cuidara" (Gé 2:15). Esto sugiere que somos llamados a no poseer ni abusar de la tierra, sino a tratarla con el amor y el cuidado de un mayordomo, sirviendo con amor a la creación gozosa del Señor. En esta instrucción está implícito el desarrollo de actividades y estructuras económicas.

En tercer lugar está la pasión implícita de Dios por lo comunitario. Cuando Dios dijo que aún no "había ningún ser humano para cultivar la tierra fértil" (Gen 2:5, según la Traducción en Lenguaje Actual), está mostrando la vulnerabilidad de su deseo de asociarse con los seres humanos. Aunque Dios mismo existe en la comunidad trinitaria (como se alude en Gé 1:26:

---

3. Gregory A. Smith, "The Cultural Mandate, the Pursuit of Knowledge and the Christian Librarian," en *Christian Librarianship: Essays on the Integration of Faith and Profession* (Jefferson, NC: McFarland & Co., 2002), 29. Para más sobre el mandato cultural, véase Roger S. Greenway, "The Cultural Mandate," en *Evangelical Dictionary of World Missions*, ed. A. Scott Moreau (Grand Rapids, MI: Baker, 2000), 251–252.

"Ahora hagamos al hombre a nuestra imagen), el Dios trino quiso extender esa comunidad en la tierra así como en el cielo.

En otras palabras, Dios anhela definirse como comunidad y crear comunidad, y lo hace asignando a una pareja terrenal para que trabaje a la par de él mientras construyen su propia nueva comunidad. Como Martin Luther King Jr. sugirió, Dios está en el negocio de crear comunidades bienamadas[4] y de crear humanos con el potencial de hacer lo mismo. Aquí está implícito el desarrollo de las sociedades humanas, las instituciones, la política y la gobernanza.

En cuarto lugar, Dios invita a todas las criaturas vivientes a desfilar ante Adán para que cada género y especie sea asignado su nombre. Esta es la tarea de las taxonomías, que nombran y categorizan todo lo que nos rodea. Hasta que las cosas tengan nombres no pueden ser agrupadas ni ser usadas para el bien humano y la gloria de Dios.

Este ritual de nombrar las cosas es la tarea inicial de la ciencia, desde las partículas subatómicas hasta los cuásares, desde las estructuras moleculares hasta los mamuts. Solo con nombres podemos organizar y controlar nuestro entorno. Aquí está implícito el espíritu de la innovación y de la creatividad que le hace eco al carácter de Dios como Creador, y que está generosamente reflejado en todo ser humano.

La triste realidad es que el cristianismo evangélico reciente se ha centrado tanto en el mandato de la redención —tan esencial como lo es— que ha ignorado el poder, el alcance y el impacto del mandato creacional.[5] Al hacer eso, hemos disminuido el valor de los grandes esfuerzos de muchas personas que, de hecho, están honrando y realizando el mandato creacional.

La desobediencia de la primera pareja introdujo una desastrosa y desbaratada disfunción en la totalidad de la creación, incluyendo en el trabajo. Como consecuencia de la caída, el trabajo perdió su propósito trascendente

---

4. El término "comunidad bienamada" ("beloved community" en inglés) fue acuñado a principios del siglo XX por el filósofo norteamericano Josiah Royce (1855-1916). La comprensión de King de este concepto recibe una exposición ampliada en Kenneth L. Smith y Ira G. Zepp Jr., *Search for the Beloved Community: The Thinking of Martin Luther King Jr* (Valley Forge: Judson Press, 1998).

5. Neal DeRoo, "Culture Regained? On the Impossibility and Meaninglessness of Culture in (Some) Calvinistic Thought," *The Kuyper Center Review*, vol. 3: *Calvinism and Culture*, ed. Gordon Graham (Grand Rapids, MI: Eerdmans, 2013), 1-22.

y se centró meramente en la supervivencia. Aunque el suelo fue maldito, el trabajo en sí no lo fue. Aún así, como resultado del pecado y de la maldición del suelo, el esfuerzo humano se volvió mucho más precario, confinado y contraproducente, y parecía como si toda la naturaleza estuviera en su contra. Además, la corrupción humana sembró en el trabajo una serie de males, incluyendo grandes disparidades económicas, abusos y esfuerzos mal concebidos. El mandato humano de agregar valor a la creación ahora tenía que lidiar con todo tipo de factores adversos que disminuían ese valor. Por cierto, afirmamos que el buen trabajo generalmente agrega valor a los involucrados, al producto o servicio en sí, y a la cultura en general, mientras que el mal trabajo normalmente disminuye el valor.

Por momentos, las posibilidades redentoras del trabajo chispearon y quedaron latentes debido a la desobediencia y el engaño humanos. Sin embargo, gran parte de la Biblia está dedicada a describir las consecuencias del juicio sobre el trabajo humano fallido, y el esfuerzo constante de Dios por rehabilitarlo a través de los diversos pactos divinos, la fundación de la nación de Israel, los rituales del sacrificio y las leyes ceremoniales y legales en torno a los Diez Mandamientos. La literatura sapiencial, incluyendo el libro de Proverbios, y los juicios proféticos también sirvieron para llamar al pueblo de Dios a volverse a la obediencia sabia y fiel de acuerdo a sus propósitos originales para la vida, el trabajo y la adoración.

Desarrollos históricos en la teología del trabajo

Muchos cristianos de los primeros siglos se identificaban con las clases trabajadoras —los esclavos, los pobres jornaleros y los marginados por la sociedad. Las primeras órdenes monásticas veían el trabajo como una parte complementaria de su servicio cristiano a Dios.

Con el tiempo, el principio de redención y superación llevó a que muchos lograran posiciones de influencia y de poder, acompañado de las presiones sutiles por separar el trabajo santo del trabajo diario. Este fenómeno se ha repetido en muchas épocas y países a través de la historia.

Sin embargo, la historia del cristianismo señala que periódicamente la espiritualidad y el trabajo material se han visto en conflicto y el trabajo secular ha sido considerado inferior a los deberes sagrados. La Reforma Protestante trató de recalibrar esto, y más tarde las iniciativas puritanas dieron al trabajo práctico un valor más positivo. La Revolución Industrial de los siglos XVIII y XIX volvió a bifurcar el trabajo mental del trabajo físico, y los ejercicios espirituales de las labores serviles.[6]

Un renovado interés por la teología del trabajo

En los últimos treinta años ha habido considerable debate, lo cual ha producido, recientemente, numerosos libros que investigan el tema de una comprensión bíblica del trabajo. Se puede encontrar una revisión competente de los principales promotores de la teología del trabajo en Alistair Mackenzie "Faith at Work: Vocation, the Teology of Work and the Pastoral Implications".[7] Las notas al pie de página nombran escritores adicionales.[8] Muchos de los libros relacionados con el tema son narrativos, escritos desde el punto de vista de personas de negocios que descubren su papel singular en el servicio cristiano. Dennis Bakke escribió *Joy at Work* (2006), que sirvió como ímpetu para la iniciativa de la Fundación Semillas de Mostaza ya mencionada.

Más recientemente, el libro *Every Good Endeavor* (2014) de Timothy Keller, pastor en la ciudad de Nueva York, y dos series de libros publicadas recientemente por Hendrickson, *Theology of Work Commentary* (2016) y *The Bible and Your Work Study Series* (2014–19), han añadido más profundidad al tema.

---

6. Se puede encontrar una historia narrativa detallada en Leland Ryken, *Work and Leisure in Christian Perspective* (Eugene, OR: Wipf & Stock, 2002).

7. Alistair Mackenzie, "Faith at Work: Vocation, the Theology of Work and the Pastoral Implications" (Tésis de MTh, Universidad de Otago, 1997), acceso 25 agosto 2020, https://www.theologyofwork.org/uploads/general/Vocation-Theology-of-Work-and-Pastoral-Implications-Thesis.pdf.

8. Los primeros proponentes de una comprensión renovada del trabajo incluyen los que se nombran a continuación. Las fechas se refieren a sus publicaciones seminales en orden cronológico, mientras que las fechas en la bibliografía reflejan la fecha más reciente de publicación o revisión. Larry Peabody (1974), Studs Terkel (1974), Robert Greenleaf (1977), Ray S. Anderson (1986), Robert Banks (1993), Max Stackhouse (1995), Michael Novak (1996), Os Guinness (1997), Ann Coombs (2001), William Diehl (2001), Richard Higginson (2002), Miroslav Volf (2002), Melba Maggay (2004), John Beckett (2006), Darrell Cosden (2006), R. Paul Stevens (2006), Ben Witherington (2011), William Messenger (2013), Makoto Fujimura (2017), James Hamilton, (2017). En el año 2002, Pete Hammond y R. Paul Stevens publicaron una extensa bibliografía en *Marketplace Annotated Bibliography*, ampliada en 2010. Muchos de estos autores han escrito múltiples trabajos sobre el tema del trabajo.

La Iglesia Católicorromana tiene una larga historia de reflexión en torno al significado bíblico del trabajo, incluyendo declaraciones de dos de los papas más recientes. La encíclica "*Laborem Exercens*"[9] de Juan Pablo II y la encíclica del actual Papa Francisco, "*Laudato Si'*"[10], han ayudado a elevar la conciencia acerca de la nobleza del trabajo dentro de la Iglesia Católicorromana.

La comunidad cristiana tiene una deuda aún mayor con el Instituto Acton, ubicado en Grand Rapids, Michigan, una agrupación ecuménica de expertos cuya misión es promover una sociedad libre y virtuosa caracterizada por la libertad individual y sostenida por los principios religiosos judeocristianos. Mediante su Christian's Library Press publica textos influyentes sobre el liderazgo en la iglesia, la vocación del trabajo y la mayordomía.[11]

El Comité de Lausana para la Evangelización Mundial, fundado en 1974, en su Tercera Conferencia celebrada en Ciudad del Cabo, Sudáfrica, en 2010, presentó declaraciones inequívocas sobre el propósito cristiano del trabajo. Bajo el título "La verdad y el lugar de trabajo", el "Compromiso de Ciudad del Cabo" afirma:

> La Biblia nos muestra la verdad de Dios acerca del trabajo humano como parte del buen propósito de Dios en la creación. La Biblia sitúa a la totalidad de nuestra vida de trabajo dentro de la esfera del ministerio, mientras servimos a Dios en diferentes llamados. En contraste, la falsedad de una línea divisoria entre lo sagrado y lo secular ha permeado el pensamiento y la acción de la Iglesia. Esta línea divisoria nos dice que la actividad religiosa pertenece a Dios, mientras que otras actividades no. La mayoría de los cristianos pasa la mayor parte de su tiempo en trabajos que tal vez consideren de poco valor espiritual (el llamado "trabajo secular").

---

9. Papa Juan Pablo II, "*Laborem Exercens*," acceso 25 agosto 2020, http://www.vatican.va/content/john-paul-ii/en/encyclicals/documents/hf_jp-ii_enc_14091981_laborem-exercens.html.

10. Papa Francisco, "*Laudato Si'*," acceso 25 agosto 2020, http://www.vatican.va/content/francesco/en/encyclicals/documents/papa-francesco_20150524_enciclica-laudato-si.html. Para una crítica de estas encíclicas, véase Jonathan Malesic, "Why We Need a New Theology of Work," *America: The Jesuit Review*, 12 September 2016, acceso 25 agosto 2020, https://www.americamagazine.org/politics-society/2016/09/01/why-we-need-new-theology-work.

11. Se puede obtener más información sobre el Acton Institute en www.acton.org. Dos de sus libros más recientes son: Lester DeKoster, *Work: The Meaning of Your Life* y Gene Edward Veith, *Working for Our Neighbor: A Lutheran Primer on Vocation, Economics and Ordinary Life*.

Pero Dios es Señor de *toda* la vida. "Todo lo que hagáis, hacedlo de corazón, como para el Señor y no para los hombres" dijo Pablo a esclavos que trabajaban en un ambiente pagano.[12]

Esto se enfatiza aún más en el siguiente llamado a la acción: "Alentamos a que todos los creyentes acepten y afirmen que su ministerio y su misión en el día a día es estar en el lugar donde Dios los ha llamado a trabajar. Desafiamos a los pastores y líderes de la iglesia a apoyar a las personas que se desempeñan en este ministerio (en la comunidad y en el lugar de trabajo); a "equipar al pueblo de Dios para la obra de servicio [ministerio]" en cada aspecto de sus vidas".[13]

La temática de "los negocios como misión" estuvo muy presente en los seminarios de la conferencia de Lausana III, e incluso cuenta con todo un área de publicaciones en línea. Esta temática enfoca mayormente en el lado práctico del trabajo como misión y presta atención a la influencia cristiana expresada en el arte, la política, los negocios, los medios de comunicación y el discurso público. Además de las publicaciones mencionadas, proliferan las páginas web sobre el tema.[14]

Contribuciones recientes al desarrollo de la reflexión y la práctica en torno a la teología del trabajo

Muchas instituciones educativas cristianas han intentado, de diferentes maneras, integrar cursos sobre la teología del trabajo en su currículos. Algunas instituciones, como Gordon College, Seattle Pacific University, Laidlaw College y Regent University, ofrecen cursos relacionados con la teología del trabajo. Otras, como Gordon-Conwell Seminary, Luther Seminary y Concordia College, ofrecen toda una especialización, mientras que otras más como Seattle Pacific University y Biola University han desarrollado escuelas de negocios y títulos

---

12. Movimiento Lausana, "El Compromiso de Ciudad del Cabo: Una confesión de Fe y un Llamado a la Acción" (2011), IIA.3, acceso 25 agosto 2020, https://www.lausanne.org/es/contenido/compromiso.
13. Movimiento Lausana, "El Compromiso de Ciudad del Cabo," IIA.3(b).
14. Véase Movimiento Lausana, "Los Negocios como Misión," www.lausanne.org/es/redes-es/redes-tematicas-es/los-negocios-como-mision; Bam Global: Business as Mission, www.bamglobal.org; Business as Mission, www.businessasmission.com; y el Proyecto Teología del Trabajo (Theology of Work Project), www.theologyofwork.org.

enfocados en los ministerios en el ámbito laboral. Aun otras instituciones ofrecen seminarios especiales sobre la teología del trabajo que han sido diseñadas para la comunidad cristiana en general.

Los autores de este artículo han estado profundamente involucrados en la iniciativa del Bakke Graduate University (BGU) en esta área de la teología del trabajo. Una de las formas importantes en la que BGU ha avanzado la acción y la reflexión en torno a este tema vital es a través de la creación de programas, especializaciones y títulos centrados en ello. Hay otras instituciones de posgrado que están haciendo lo mismo.

La Fundación Semillas de Mostaza, un emprendimiento paralelo y estrechamente vinculado con BGU, ha avanzado la iniciativa a través de seminarios y clases impartidas alrededor del mundo. El plan de estudios se basa en los escritos de Paul Steven sobre la teología del trabajo y en las obras prácticas y transformadoras de Dennis Bakke, desarrolladas a partir de su experiencia en los negocios, que aplican los principios cristianos del servicio desde la base, dándole a la toma de decisiones y al trabajo en equipo un nuevo sentido compartido de participación y diversión en el trabajo.

Alistair Mackenzie ha elaborado un breve panorama de las diversas maneras en que estas instituciones buscan integrar la teología del trabajo. Sus conclusiones consideran el desafío que implica la disminución de la matrícula y la demanda versus el costo de mantener o ampliar estas ofertas.[15] En respuesta a este desafío, la Fundación Semillas de Mostaza, mediante su Programa Internacional de Becas de Teología del Trabajo, ha subvencionado cursos en muchas instituciones académicas de alrededor del mundo que no podrían financiarlas de otra manera.[16]

---

15. Alistair Mackenzie, "Seminaries Teaching Theology of Work," acceso 25 agosto 2020, https://www.theologyofwork.org/resources/seminaries-teaching-theology-of-work.
16. Programa Internacional de Becas de Teología del Trabajo, https://www.theologyofworkgrant.com/.

Promoviendo la teología del trabajo mediante iniciativas estratégicas de financiación y equipamiento

Entre 2007 y 2018, la Fundación Semillas de Mostaza otorgó 414 subvenciones para ofrecer cursos de teología del trabajo a nivel internacional y en una amplia gama de idiomas. Estas subvenciones resultaron en casi cincuenta y cinco mil participantes en setenta y ocho países diferentes. A lo largo de once años, casi tres millones de dólares fueron adjudicados para ayudar con costos de matrícula, gastos de seminarios y costos de transporte de participantes y facilitadores. A menudo, las instituciones buscaron subvenciones de Semillas de Mostaza para ofrecer dos cursos correlativos abarcando un período de dos años: el curso básico de la teología del trabajo(a veces llamado "Gozo en el trabajo" —"Joy at Work" en inglés) y "Ética y Práctica Responsable de los Negocios".

En la mayoría de las presentaciones, los organizadores insisten en la participación de emprendedores, o realizan visitas programadas a lugares de trabajo de personas de negocios. A menudo las personas de negocios se involucran en nuestros seminarios (por ejemplo, en Bangladesh, todo nuestro grupo de cincuenta empresarios líderes y estudiantes musulmanes estaban afiliados al Club Rotary local). En Alejandría, Egipto, noventa y ocho líderes musulmanes (de los 129 presentes) recibieron transporte al seminario.

A veces en nuestras visitas a sitios de trabajo, nos encontramos con emprendedores cristianos que no han considerado detenidamente su influencia en su contexto. Esto nos da la oportunidad de sugerir, con cuidado y con amor, un enfoque diferente. Otros están asombrosamente sintonizados con su llamado a ser sal y luz en su contexto.

Las presentaciones son dinámicas y variadas, haciendo uso de presentaciones de Power Point, dramatizaciones espontáneas, canto, sesiones grupales, testimonios, objetos simbólicos, demostraciones, videoclips, lecturas y reportes de aprendizaje. Las sesiones varían desde talleres de dos días a cursos acreditados de cuarenta y cinco horas.

Impacto de los seminarios de la teología del trabajo en los participantes y facilitadores

El espacio permite solo unos pocos ejemplos representativos de las muchas maneras en que los seminarios de la Fundación Semillas de Mostaza han impactado a facilitadores y participantes de muy variados orígenes.

Respecto a su experiencia como facilitador, Fletcher Tink comenta:

> He tenido el privilegio de enseñar en veinticuatro naciones, en once ciudades en Pakistán, por seis años en Nepal, en Zimbabue, Senegal, Etiopía y Egipto, en una variedad de sitios en India, Bangladesh, Cuba, Bolivia, China, Tailandia y el Líbano, y para numerosas instituciones en las Filipinas donde resido. He tenido el privilegio de enseñar a un gran número de católicorromanos en Pakistán, hindúes en Nepal, y musulmanes en Egipto, Pakistán y Bangladesh, e incluso fui invitado a enseñar varias veces en Lumbini, Nepal, donde nació el Buda, en un convento budista.
>
> He encontrado que los cristianos están sedientos de un nuevo sentido de misión que involucre a todos en los propósitos redentores de Dios.

Tink señala que los seminarios de la teología del trabajo han demostrado ser grandes oportunidades para el testimonio cristiano y para interactuar con participantes de otras religiones.

> A los musulmanes les sorprende que, para mí, tomar en serio a Dios es un compromiso que abarca los siete días, y han estado muy abiertos a esta enseñanza. Los hindúes critican la corrupción en sus propias naciones y buscan formas de cambiar sus sociedades a través de un nuevo paradigma ético. Los budistas aprecian el ascetismo y el cuidado implícito en la administración responsable del mundo creado.
>
> Dejo en claro que no estoy evangelizando. Estoy simplemente sembrando semillas que presentan una manera alternativa de ver el universo, lleno de significado y trascendencia. En sus fiestas de Iftar, los imanes musulmanes están impresionados de que estoy

dispuesto a ayunar con ellos en sus días de Ramadán, aunque con motivaciones cristianas.

Oladotun Reju comenta de sus experiencias como facilitador de los entrenamientos de la teología del trabajo (TOW, por sus siglas en inglés) en África y el Caribe:

> He tenido el privilegio de enseñar teología del trabajo en diez países africanos y tres islas caribeñas. La mayor parte de mi enseñanza del tema ha sido con dos organizaciones en Nigeria: la Convención Bautista de Nigeria, una importante denominación nigeriana con más de seis millones de miembros, y la Comunidad de Estudiantes Evangélicos de Nigeria con miembros estudiantiles en todas las instituciones terciarias del país. También he tenido el privilegio de servir por cinco años en el Seminario Teológico Bautista de Nigeria [NBTS, por sus siglas en inglés], en Ogbomosho, Nigeria, capacitando a profesores y al personal del seminario. Ahora, NBTS ha incorporado la teología del trabajo como un curso de base en su programa de licenciatura.
>
> Mi tesis doctoral fue inspirada por la teología del trabajo y sirve como el diseño para el Centro de Liderazgo Transformacional, un ministerio de la iglesia en donde pastoreo, en Jos, Nigeria. El centro, que tiene a la teología del trabajo como su enfoque principal y su curso insignia, capacita a líderes emergentes y otorga certificados y diplomas en tres áreas básicas: negocios, artes y gobernanza política.[17]

Teología del trabajo: casos de estudio

La inversión estratégica, tanto financiera como educativa, en la enseñanza de hombres y mujeres para que pongan en práctica los principios de la teología

---

17. Los detalles del centro están publicados en el sitio web del Programa Internacional de Becas de Teología del Trabajo, www.theologyofworkgrant.com.

del trabajo en sus vidas y sus contextos diarios ha dado mucho fruto. Estos son algunos ejemplos de la teología del trabajo en acción:

- Un propietario de una tienda departamental en Chennai, India, tiene una sala de asesoramiento y consejería para sus trabajadores y clientes, y les ofrece CDs de música cristiana que ha producido.
- Una empresa de transporte de melaza en Armenia, Colombia, construyó una capilla junto a su garaje donde el propietario dirige servicios y grupos de oración para sus empleados.
- Una familia chino-filipina, dueña de trece franquicias de pollo frito en Zamboanga, Mindanao, renunció a vender licor y ahora dedica una considerable porción de sus ganancias a las necesidades financieras de su comunidad. Esta familia nos presentó a su principal competidor, que tiene dieciséis restaurantes de franquicia. Cuando expresamos nuestra sorpresa por su estrecha amistad, nos informaron que no compiten, que en cambio comparten sus sueños, sus estrategias de negocio y los propósitos cristianos.
- Un ginecólogo que dirigía un hospital en la India fue acusado injustamente por un competidor de robar partes de cuerpos de mujeres para venderlas en Estados Unidos. Durante varios meses, la clientela se negó a venir, creyendo los rumores maliciosos. Luego, en oración, se le ocurrió un plan para dar pruebas gratuitas y mostrar que los úteros de las mujeres estaban intactos. Lentamente, la clientela regresó, y dentro de cierto tiempo su negocio se duplicó, porque quedó demostrada su integridad.
- Un congresista de Tamil Nadu, mientras compartía su historia con nosotros, fue interrumpido por su colega congresista musulmán, y más tarde por su par hindú. Mientras les hacíamos preguntas, los dos no cristianos testificaron que este hombre era su amado hermano que ora con ellos cuando tienen problemas.
- Otro político indio nos mostró algunas de las dos mil Biblias que da a sus conciudadanos cada año.
- Un pastor en Filipinas abandonó su iglesia para organizar carreras de motocross los domingos por la mañana. Antes de las carreras de motos, lleva a cabo un servicio para las miles de personas reunidas, y

luego durante la semana discipula a los corredores y a los empresarios del rubro de las motocicletas a quienes ha conectado en red.

Hay cientos de historias como estas que se podrían compartir. Otras no pueden ser compartidos aquí por diversas razones, pero les invitamos a imaginar y orar por los cristianos en todo el mundo que están poniendo en práctica su formación en la teología del trabajo y abordando los problemas estructurales en sus propios contextos, a menudo con gran riesgo personal.

A estos testimonios del impacto de la teología del trabajo en países y comunidades locales de todo el mundo, Oladotun Reju añade el suyo acerca de cómo las perspectivas del mandato creacional y de la teología del trabajo han moldeado el ministerio de su iglesia local para que se convierta en sal y luz en su propia comunidad:

> La experiencia más significativa en lo que se refiere a la teología del trabajo ha sido su impacto en mi congregación. La comunidad del Pabellón de Ciudadanos del Reino en Jos, Nigeria, puede ser descrita, usando la frase de Larry Peabody, como "un ministerio tejido por la teología del trabajo". Operamos una escuela de primaria y una de secundaria donde el concepto de la teología del trabajo ha sido inculcado en todas las materias.
>
> La pregunta crítica que debe hacerse cada maestro o maestra es: "¿Qué puedo incluir en mi enseñanza que fomentará el llamado de Dios a mis alumnos y estudiantes?". Mi alegría no conoció límites el día que leí la tarea de un estudiante de 12 años sobre un tema que tiene que ver con la preservación de los bosques, en donde identificó al guardia que trabaja para preservar el bosque como un co-redentor que trabaja con Dios para restaurar el shalom a la creación de Dios. Nuestros estudiantes ahora eligen una carrera como parte integral de su búsqueda del llamado de Dios sobre sus vidas.
>
> La comunidad de nuestra iglesia local se puede describir como una iglesia de ciento cincuenta parroquias, en donde nos reunimos los domingos. Cada una de las parroquias cabe en un pequeño salón y, cuando nos dispersamos de lunes a sábado, servimos los propósitos de Dios para nuestra ciudad en diversos centros y de

diversas maneras. Nuestros grupos de estudio bíblico se dividen según líneas profesionales y vocacionales, en donde cada grupo estudia la Biblia a través del prisma de su llamado. Al 2019, tenemos grupos profesionales de discipulado con trabajadores de la salud, artistas, personas de negocios, y personas interesadas en el servicio público y la política.

Cada miembro de nuestra iglesia que se gradúa de la escuela o de cualquier otro entrenamiento vocacional pasa por un curso especializado de teología del trabajo para luego ser ordenado al ministerio. En nuestra iglesia no contamos con la ordenación tradicional evidenciada por títulos. En su lugar, inspirados por Lutero, practicamos el sacerdocio universal del creyente en la vida de nuestra iglesia.

Próximos pasos para el Programa de la Teología del Trabajo de Semillas de Mostaza

A medida que la Fundación Semillas de Mostaza mira hacia el futuro, el liderazgo busca, por un lado, construir sobre lo que se ha aprendido y logrado en los últimos años y, por otro, definir las prioridades para el desarrollo de alianzas estratégicas y oportunidades de financiamiento y equipamiento. Sobre eso, Lowell Bakke, arquitecto en jefe de la teología del trabajo de Semillas de Mostaza explica: "Uno de los objetivos será invertir en un equipo de escuelas y organizaciones de todo el mundo que podrán llevar el mensaje de la teología del trabajo a más y más lugares, más allá de la vida útil de la Fundación. En este período de cinco años, deseamos trabajar con tantas escuelas de ICETE como sea posible".

Mediante esta nueva fase de cooperación, Semillas de Mostaza apunta

> a familiarizar y capacitar a profesores en el área de Fe y Trabajo a través del Programa de Becas de la Teología del Trabajo. Esto comenzará con un curso en línea de nueve semanas (usando Zoom) de Teología del Trabajo, impartido por BGU (Bakke Graduate University). Este curso será específicamente para las escuelas ICETE. Parte del curso en línea requerirá que los

profesores desarrollen un curso contextualizado de la Teología del Trabajo, diseñado específicamente para su institución que podría ser co-enseñado con uno de los profesores certificados por TOW Internacional, y asistidos por una beca TOW. Un miembro de la facultad del programa de becas será asignado como mentor para el desarrollo del curso, la preparación de la solicitud de beca y la enseñanza en la institución del becario. Nuestro plan es trabajar con tres regiones por un período de tres años.[18]

Conclusión

La esperanza de la Fundación Semillas de Mostaza es transferir las iniciativas de la teología del trabajo desde el núcleo básico de la facultad de profesores a un rango mucho más inclusivo de profesores que estarían basados más regionalmente, comprometidos con sus instituciones y contextualmente perspicaces. Desde la conferencia de ICETE en Panamá, la pandemia de la Covid-19 ha generado nuevas oportunidades para expresar la teología del trabajo sin las barreras del tiempo y el espacio. El plan de estudios se está desarrollando en múltiples frentes y en formas contextualizadas a través del uso de Internet, y en última instancia podría llegar a una audiencia de cristianos mucho mayor, contribuyendo a que tengan una comprensión ampliada de su papel en el lugar de trabajo. También se espera que la voz de las mujeres resuene con mayor precisión y mayor influencia en las discusiones en todo el mundo.

Nuestra oración es que los guerreros laicos se levanten alrededor del mundo y pongan sus habilidades, conocimientos y prácticas a trabajar para convertirse en una parte más integral del mensaje total de Dios a todo el mundo.

Preguntas para la reflexión personal y grupal

1. Los autores describen cómo algunas iglesias e instituciones teológicas muestran que prefieren profesionales del ministerio por sobre ministros laicos. Argumentan que este sesgo relega al ministerio en el ámbito laboral —de lunes

---

18. Información actualizada en www.theologyofworkgrant.com.

a sábado—, a un plano de menor importancia que el ministerio dominical dentro de la iglesia. Esta caracterización, ¿resuena con su contexto? Si es así, ¿cómo comunican (explícita o implícitamente) esta preferencia las instituciones teológicas y la iglesia?

2. Evalúe el grado en que la renovación del interés por la teología del trabajo en las últimas décadas se ha sentido en su propia institución teológica y en las iglesias de su contexto. Comparta ejemplos que ilustran el impacto (o la falta de impacto) de una comprensión bíblica del trabajo.

3. Al reflexionar sobre los casos de estudio de la teología del trabajo compartidos por los autores, ¿qué ejemplos y testimonios puede añadir de su propio contexto de laicos cristianos que ministran fiel y misionalmente en el ámbito de sus ocupaciones profesionales o vocacionales?

4. En respuesta a la invitación de los autores, haga una pausa "para imaginar y orar por los cristianos de todo el mundo que están poniendo en práctica su teología del trabajo para abordar los problemas estructurales en sus propios contextos, a menudo con gran riesgo personal".

5. ¿Hasta qué punto son los siguientes temas integrales a la enseñanza y los programas de su institución: el mandato creacional; el sacerdocio de todos los creyentes; otros fundamentos bíblicos de una teología del trabajo? Considere las estrategias que los seminarios y las iglesias en su contexto podrían desarrollar para ayudar a que los profesionales del ministerio y los cristianos laicos vivan fielmente las implicaciones de esta enseñanza en sus vocaciones particulares y en su trabajo diario. ¿Podría ser esta una nueva dirección u oportunidad para su seminario? Piense en varios amigos cristianos que no están en el ministerio a tiempo completo. Ore por ellos —por nombre— y por sus ministerios.

Referencias

Anderson, Ray S. *Minding God's Business*. Eugene, OR: Wipf & Stock, 2008.
Bakke, Dennis W. *Joy at Work: A Revolutionary Approach to Fun on the Job*. Seattle: PVG, 2005.
Banks, Robert. *God the Worker: Journey into the Mind, Heart and Imagination of God*. Eugene, OR: Wipf & Stock, 2008.

Beckett, John, y Ken Blanchard. *Mastering Monday: A Guide to Integrating Faith and Work*. Downers Grove, IL: InterVarsity Press, 2009.

Benefiel, Margaret. *Soul at Work: Spiritual Leadership in Organizations*. New York: Seabury, 2005.

Coombs, Ann. *Living Workplace: Soul, Spirit and Success in the 21st Century*. Toronto: HarperCollins Canada, 2001.

Cosden, Darrell. *A Theology of Work: Work and the New Creation*. Eugene, OR: Wipf & Stock, 2006.

DeKoster, Lester. *Work: The Meaning of Your Life*. Grand Rapids, MI: Christian's Library Press, 2015.

DeRoo, Neal. "Culture Regained? On the Impossibility and Meaninglessness of Culture in (Some) Calvinistic Thought." *The Kuyper Center Review*. Vol. 3: *Calvinism and Culture*, editado por Gordon Graham, 1–22. Grand Rapids, MI: Eerdmans, 2013.

Diehl, William E. *The Monday Connection: On Being an Authentic Christian in a Weekday World*. Eugene, OR: Wipf & Stock, 2012.

Fujimura, Makoto, y Mark Labberton. *Reconnecting with Beauty for Our Common Life*. Downers Grove, IL: InterVarsity Press, 2017.

Greenleaf, Robert K. *Servant Leadership: A Journey into the Nature of Legitimate Power and Greatness*. 25th anniversary edition. Editado por Larry Spears. New York: Paulist Press, 2002.

Greenway, Roger S. "The Cultural Mandate." In *Evangelical Dictionary of World Missions*, editado porcentaje A. Scott Moreau, 251–252. Grand Rapids, MI: Baker, 2000.

Guinness, Os. *The Call: Finding and Fulfilling God's Purpose for Your Life*. Anniversary edition. Nashville: Thomas Nelson, 2008.

Hamilton, Jr., James M. *Work and Our Labor in the Lord*. Wheaton, IL: Crossway, 2017.

Hammond, Pete, R. Paul Stevens y Todd Svanoe. *The Marketplace Annotated Bibliography: A Christian Guide to Books on Work, Business and Vocation*. Downers Grove, IL: IVP Academic, 2010.

Higginson, Richard, et al. *Questions of Business Life: Exploring Workplace Issues from a Christian Perspective*. Milton Keynes: Authentic, 2002.

Keller, Tim. *Every Good Endeavor: Connecting Your Work to God's Work*. New York: Penguin Random House, 2014.

Mackenzie, Alistair. "Faith at Work: Vocation, the Theology of Work and the Pastoral Implication." Tésis MTh, University of Otago, 1997. Accesado 25 Agosto 2020. https://www.theologyofwork.org/uploads/general/Vocation-Theology-of-Work-and-Pastoral-Implications-Thesis.pdf.

———. "Seminaries Teaching Theology of Work." Accesado 25 Agosto 2020. https://www.theologyofwork.org/resources/seminaries-teaching-theology-of-work.

Maggay, Melba Padilla. *Transforming Society*. Eugene, OR: Wipf & Stock, 2010.

Malesic, Jonathan. "Why We Need a New Theology of Work." *America: The Jesuit Review*, 12 September 2016. Accesado 25 Agosto 2020. https://www.americamagazine.org/politics-society/2016/09/01/why-we-need-new-theology-work.

Messenger, William. *Calling: A Biblical Perspective*. Theology of Work Topics 1. Cambridge: Theology of Work Project, 2013. Kindle.

Messenger, William, ed. *The Bible and Your Work Study Series*. Peabody: Hendrickson Publishing, 2014–19.

Messenger, William, ed. *Theology of Work Bible Commentary*. Peabody, MA: Hendrickson, 2015–.

Movimiento Lausana. "El Compromiso de Cuidad del Cabo: Una Confesión de Fe y un Llamado a la Acción." 2011. Accesado 12 Junio 2021. https://www.lausanne.org/es/contenido/compromiso.

Novak, Michael, y Jana Novak. *Business as a Calling: Work and the Examined Life*. New York: Free Press, 2013.

Papa Francisco. "*Laudato Si'*." Accesado 25 Agosto 2020. http://www.vatican.va/content/francesco/en/encyclicals/documents/papa-francesco_20150524_enciclica-laudato-si.html.

Papa John Paul II. "*Laborem Exercens*." Accesado 25 Agosto 2020. http://www.vatican.va/content/john-paul-ii/en/encyclicals/documents/hf_jp-ii_enc_14091981_laborem-exercens.html.

Peabody, Larry. *Curing Sunday Spectatoritis: From Passivity to Participation in Church*. Portland, OR: Urban Loft Publishers, 2016.

———. *Serving Christ in the Workplace*. Fort Washington: CLC Ministries, 2004.

Ryken, Leland. *Work and Leisure in Christian Perspective*. Eugene, OR: Wipf & Stock, 2002.

Smith, Gregory A. *Christian Librarianship: Essays on the Integration of Faith and Profession*. Jefferson, NC: McFarland & Co., 2002.

Smith, Kenneth L., y Ira G. Zepp Jr. *Search for the Beloved Community: The Thinking of Martin Luther King Jr.* Valley Forge: Judson Press, 1998.

Stackhouse, Max Lynn, Peter L. Berger, M. Douglas Meeks y Dennis McCann. *Christian Social Ethics in a Global Era*. Nashville: Abingdon, 1995.

Stevens, R. Paul. *The Other Six Days: Vocation, Work and Ministry in Biblical Perspective*. Grand Rapids, MI: Eerdmans, 2000.

Temple, William. *Christian Faith in Life*. New York: Macmillan, 1931.

Terkel, Studs. *Working: People Talk about What They Do All Day and How They Feel about What They Do*. New York: MJF Books, 2004.

Veith, Gene Edward. *Working for Our Neighbor: A Lutheran Primer on Vocation, Economics and Ordinary Life*. Grand Rapids, MI: Christian's Library Press, 2016.

Volf, Miroslav. *Work in the Spirit: Toward a Theology of Work*. Eugene, OR: Wipf & Stock, 2001.

Witherington III, Ben. *Work: A Kingdom Perspective on Labor*. Grand Rapids, MI: Eerdmans, 2011.

Algunas páginas Web útiles:

Bam Global: Business as Mission – www.bamglobal.org

Business as Mission (Negocios como Misión) – www.businessasmission.com

Movimiento Lausana – "Los Negocios como Misión" www.lausanne.org/es/redes-tematicas-es/los-negocios-como-mision

Shared Church (Iglesia compartida) – http://www.sharedchurch.com

Proyecto Teología del trabajo – www.theologyofwork.org

Programa Internacional de Becas TOW de Teología del trabajo – https://www.theologyofworkgrant.com/

Worldview Matters (Las cosmovisiones importan) – https://biblicalworldview.com

7

La divisoria sagrado-secular y la misión de Dios

Mark Greene e Ian Shaw

Una historia verídica:

Victoria es aprendiz de peluquería. Tiene diecinueve años y ha estado en este puesto poco más de un mes. Trabaja en un salón muy concurrido por lo que siempre hay algo que hacer y casi siempre hay que hacerlo rápido. Ella lo está disfrutando pero ha estado sintiendo la presión. Luego de tres semanas en el puesto su vicario la comisiona para su trabajo. Desde entonces ella ha estado más en paz.

Yo (Mark) le pregunté, "Que seas cristiana, ¿cómo cambia la forma en que le lavas el pelo a alguien?".

Victoria respondió: "Oro por ellas mientras les aplico el acondicionador".

La oración de Victoria es un regalo invisible para sus clientes —un acondicionador calmante para el alma, no solo para el cabello. Pero detrás de sus oraciones hay todo un conjunto de creencias:

- Victoria cree que su contexto diario en la peluquería es importante para Dios.
- Cree que el trabajo que hace es importante para Dios, y que se puede hacer de una manera distintiva.
- Cree que Dios está vivo y que puede moverse en una peluquería.
- Cree que Dios quiere bendecir a sus clientes, y que ella puede ser parte de eso.

- Cree en el poder de la oración y en la libertad de Dios para responder a su manera y en su propio tiempo. Ella no necesita ver los resultados de esas oraciones. Por cierto, de este lado de la eternidad, en su mayor parte, probablemente no los verá. Aún así vale la pena orar: Dios la está escuchando.
- Y confía en el Dios que la envía.[1]

¿Qué clase de comunidad eclesial hace discípulas como Victoria?
¿Qué clase de líder de iglesia produce discípulas como Victoria?
¿Qué clase de seminario produce líderes de iglesia que producen discípulas como Victoria?

La realidad es que Victoria es un caso excepcional. La gran mayoría de los cristianos, ya sean niños, adolescentes, jóvenes, adultos de mediana edad o ancianos, no tienen una visión para la participación comprometida y el servicio diario en los lugares adonde van día tras día: los campos, las fábricas, las escuelas, las tiendas, los clubes, las oficinas. Y la razón por la cual no tienen tal visión es porque esta no es la visión que más entusiasma a la iglesia evangélica global.

Nuestra esperanza es que, como resultado de este libro, discípulas como Victoria pronto no sean la excepción.

Una de las grandes alegrías de estar involucrado en la educación teológica es ver el impacto de nuestro trabajo en la vida de nuestros graduados y en los énfasis y la fecundidad de las iglesias que lideran. Hay mucho que celebrar. A la vez, estar involucrado en la educación teológica también conlleva la responsabilidad de mirar los énfasis de los ministerios de nuestros graduados y la cultura de las iglesias que conducen, y preguntarnos si la forma de esos ministerios y la cultura de esas iglesias son saludables, si están en línea con la riqueza del *missio Dei* y si responden a los desafíos particulares de las comunidades de las que forman parte.

El tema de esta conferencia —"La divisoria sagrado-secular y la educación teológica"— hace una suposición que ha sido probada en nuestro trabajo en el London Institute for Contemporary Christianity (LICC), confirmada por la experiencia de nuestros socios en Langham, y validada por investigaciones

---

1. Adaptado con permiso de Mark Greene, *The One About . . . 8 Stories about God in Our Everyday Lives* (London: LICC, 2017).

y testimonios de alrededor del mundo. En general, la cultura de base que opera en la iglesia evangélica global ha sido moldeada por el dualismo, por la elevación de las actividades basadas en la iglesia por sobre el compromiso, de lunes a sábado, con el mundo de Dios. La divisoria sagrado-secular es evidente en prácticamente todas las áreas de la vida de la iglesia —desde la educación teológica hasta las publicaciones populares, desde el contenido de las canciones hasta la decoración de nuestros edificios, desde la comprensión de la santidad y la fecundidad en Cristo hasta la trágica escasez de la formación de discípulos "integrales" —para toda la vida— en las iglesias de todo el mundo. Y eso está clarísimo en la estrategia misional dominante de la comunidad evangélica global.

En 2010, en el Congreso de Lausana sobre Evangelización Mundial en Ciudad del Cabo, yo (Mark) le pregunté a los delegados si esta era la estrategia de misión en las iglesias de sus países: "reclutar al pueblo de Dios para renunciar a parte de su tiempo libre a fin de apoyar las iniciativas de misión de los trabajadores pagados por la iglesia". Prácticamente todo el mundo estaba de acuerdo en que lo era.

Ahora bien, esa estrategia ha dado mucho fruto, en todo tipo de iniciativas vecinales y comunitarias y en un creciente compromiso con iniciativas de misión más allá de las fronteras nacionales. Sin embargo, esta estrategia centrada en el pastor, enfocada en los vecinos y en la iglesia congregada, esencialmente ignora el ministerio del pueblo de Dios esparcido en el mundo, en sus contextos de lunes a sábado.

Es una estrategia incompleta porque marchita el potencial de los cristianos en el mundo y limita la misión de Dios. Ignora el contexto diario de las personas en donde naturalmente se encuentran con personas que no conocen a Jesús. El resultado es que 98 por ciento del pueblo de Dios —todos aquellos que no están ordenados al ministerio de tiempo completo en la iglesia— no está siendo ideado ni equipado para el discipulado y la misión en el 95 por ciento del tiempo en que no están ocupados en actividades basadas en la iglesia.

Imaginen una fábrica donde 98 por ciento de la gente no está conscientemente participando en el trabajo principal de la fábrica. Uno pensaría que están locos. Pero imaginen si no estuviéramos locos.

- Imaginen que la iglesia a nivel mundial hubiera pasado los últimos cincuenta años ayudando a las personas a ver cómo podían ser sal, luz, levadura y semilla de mostaza en la escuela, en la universidad, en el trabajo.
- Imaginen si no hubiéramos convencido a nuestros jóvenes de que la agricultura, los negocios, los medios de comunicación, el derecho, la política, la fontanería, la construcción y la limpieza son llamados de segunda clase.
- Imaginen si las miles de personas del pueblo de Dios que habitan esos espacios hubieran sido ideadas, equipadas, apoyadas y sostenidas en oración.

A fin de cuentas, aparte de todo lo demás, esos son los lugares donde se toman las principales decisiones sobre nuestras sociedades, donde se forman las culturas y prioridades de nuestras naciones. ¿Podemos realmente cumplir el mandato del Señor de "hacer discípulos de todas las naciones" (Mateo 28:19) sin equipar a nuestro pueblo para los contextos en los que se encuentran? Pero, inadvertidamente, eso es lo que generalmente hemos hecho.

La realidad es que la divisoria sagrado-secular hace pensar a los cristianos laicos que son cristianos de segunda clase. Disminuye el valor de su trabajo diario, los ciega al fruto que Dios puede estar produciendo precisamente allí donde están, encoge su eclesiología al contexto de los congregados, impide que reconozcan cómo la Biblia se dirige a toda la vida, y atenúa su atención a la acción de Dios en su vida diaria y ordinaria, lo cual les impide acceder a la oración, la sabiduría y el apoyo del cuerpo.

Para resumir, la divisoria sagrado-secular encoge el alcance del evangelio mismo. Es una afrenta a la obra redentora y renovadora de Cristo, que es absolutamente abarcadora y suficiente. Y está viva y saludable en las iglesias evangélicas de todo el mundo, y lo ha estado por algún tiempo. Como lo dijo Dorothy L. Sayers, en 1949:

> Con nada ha perdido tanto la iglesia su capacidad de comprender la realidad como con su fracaso a la hora de entender y respetar la vocación secular. Ha permitido que el trabajo y la religión se conviertan en departamentos separados, y le asombra que —como resultado— el trabajo secular en el mundo se haya reducido a

metas puramente egoístas y destructivas, y que la mayor parte de los trabajadores inteligentes del mundo se hayan convertido en gente arreligiosa o, cuanto menos, desinteresada en la religión . . . Pero, ¿resulta sorprendente? ¿Cómo puede alguien mantenerse interesado en una religión que al parecer no tiene interés por noventa por ciento de su vida?[2]

Lo que dijo Sayers no es solo acerca del trabajo; es sobre el evangelio, y aplica hoy. El fracaso de no enseñar bien sobre el trabajo es parte de un fracaso más amplio, de no ofrecer un evangelio integral —de toda la vida— a personas no creyentes. No debe sorprender que el evangelio no cautiva a las personas (y, por lo menos en Occidente, es así con muchísimas personas). El evangelio que presentamos rara vez incluye alguna visión convincente para la transformación de la vida cotidiana. No debe sorprender que el enorme y alentador crecimiento numérico de iglesias en países como Guatemala no esté acompañado por una disminución en la corrupción o en la violencia doméstica, si el evangelio predicado no ha incluido esas preocupaciones.

El desafío de la divisoria sagrado-secular está agravado por la dificultad de reconocerla en nosotros mismos. Encontraremos pocos pastores que digan que Dios no está interesado en el trabajo, los estudios o las tareas domésticas de las personas, pero la mayoría de las iglesias operan de esa manera. La divisoria sagrado-secular tiene poder en la vida de los pastores. No es que piensen que sea verdadera, sino que, de todos modos, moldea sus ministerios.

Lo que sigue, por ejemplo, es una cita de un maestro de escuela: "Paso una hora a la semana enseñando en la escuela dominical y me hacen pasar al frente de la iglesia para orar por mí". ¿Cómo es el resto de la cita? "El resto de la semana soy maestro a tiempo completo y la iglesia nunca ha orado por mí".

Pocos pastores *dirían* que las cuarenta horas que este maestro dedica a enseñar en una escuela de lunes a viernes son menos importantes para Dios que los cuarenta y cinco minutos que dedica a enseñar en la escuela dominical, pero eso es precisamente lo que se ha comunicado. Allí donde está la oración de una iglesia es donde está su corazón.

---

2. D. L. Sayers, "Why Work?" In *Letters to a Diminished Church: Passionate Arguments for the Relevance of Christian Doctrine* (Nashville: Thomas Nelson, 2004). En español, "¿Por qué el trabajo?" en *Aprender y trabajar*, trad J. Aranguren (Pamplona: Universidad de Navarra, 2019).

De manera similar, el poder de la divisoria sagrado-secular en la educación teológica no está en que nosotros mismos creemos que la vida entera no es importante para Dios. Conocemos nuestras Biblias. No, el poder de la divisoria sagrado-secular está en que la mayoría de nosotros no creemos que nos afecta o que necesitamos ser parte de la solución —eso se lo dejamos a los misiólogos. Pero la brecha es demasiado generalizada para eso. Afecta nuestra estrategia de misión porque ya ha moldeado la manera en que leemos nuestra Biblia y la manera en que enseñamos doctrina.

La divisoria sagrado-secular ha afectado a todos los aspectos de la vida de la iglesia y a la comprensión operativa de casi todas las doctrinas. Encoge nuestra eclesiología porque pone más énfasis y valor en la iglesia reunida que en la iglesia enviada. Encoge nuestra neumatología al limitar inadvertidamente nuestras expectativas de la acción del Espíritu a lugares particulares y a tipos particulares de tareas. Encoge nuestra soteriología porque se enfoca en la conversión individual en lugar de enfocar en la formación de discípulos de toda la vida y en la *missio Dei* . . . y así sucesivamente. La divisoria sagrado-secular ha apocado nuestra comprensión de Dios el verdadero Señor de todo, que no solo creó todas las cosas para su gloria, sino que, después de la caída, envió a su Hijo para reconciliar todas las cosas en el cielo y en la tierra consigo mismo, a través de su sangre derramada en la cruz.

Sin embargo, esto es mucho más que una solicitud para un curso sobre misión integral o ministerio en el lugar de trabajo, o para un centro de fe y trabajo. De hecho, tales iniciativas pueden servir para reforzar el problema al sugerir, sin querer, que es un tema a ser considerado en lugar de una visión generalizada del mundo que debe ser arrancada de raíz.

La divisoria sagrado-secular no es como una pelota de golf en una ensalada de frutas: fácil de reconocer, fácil de quitar. No, la división es como vinagre en un jugo. Afecta todo.

Nosotros en Occidente le hemos pasado este virus herético a la iglesia global. De hecho, en el proyecto de dos años "Superando la divisoria sagrado-secular a través de la educación teológica"[3] que Antony Billington y Mark

---

3. Véase el informe y las recomendaciones de las mejores prácticas en Mark Greene y Ian Shaw, eds., *Whole-Life Mission for the Whole Church: Overcoming the Sacred-Secular Divide through Theological Education* (Carlisle: Langham Global Library, 2021).

Greene de LICC y el Dr. Ian Shaw de Langham Partnership llevaron a cabo con educadores teológicos de todo el mundo, aprendimos que, aunque la divisoria sagrado-secular se manifiesta de diferentes maneras en Guatemala y en Gujarat, en Singapur y en Sarajevo, sigue siendo una fuerza virulenta y destructiva.

Una de las implicaciones prácticas de esto para los educadores teológicos es el reconocimiento de que la mayoría de nosotros somos parte de las iglesias que mantienen la divisoria sagrado-secular, y por lo tanto es posible que nunca hayamos visto cómo sería una iglesia que logra traspasar esa divisoria con éxito. Es posible que no tengamos una imagen mental del tipo de comunidades para el cual estamos entrenando a nuestros estudiantes para liderar, así como podemos realmente no tener una imagen de lo fructífero que puede ser el discipulado integral —de toda la vida— para una peluquera, un estudiante universitario, una ama de casa o un ejecutivo corporativo.

Esto nos presenta con un particular desafío. A fin de cuentas, como educadores teológicos, necesitamos estar debidamente en diálogo con los contextos académicos de nuestras disciplinas, y también, debidamente, necesitamos estar en diálogo con las denominaciones e iglesias a las que servimos. Pero no podemos confiar en esas conversaciones para informar nuestra comprensión de la dinámica de los lugares en que el pueblo de Dios se encuentra día a día y de las oportunidades y desafíos que enfrentan. Necesitamos entender no solo las fuerzas que operan a nivel macro en nuestras culturas nacionales, sino también los contextos en los que el pueblo de Dios está llamado a ser sal y luz; y necesitamos buscar y orar por su shalom.

La ubicuidad de la divisoria sagrado-secular hace que nuestra comprensión de nuestros contextos culturales sea aún más importante precisamente porque la mayoría de nuestros estudiantes también vienen a nuestros seminarios desde iglesias que evidencian esa divisoria sagrado-secular, y en general regresan al mismo tipo de iglesia.

Por tanto, el desafío para nuestras instituciones no es solo preguntarnos:

- La cultura de mi institución, ¿está afectada por la divisoria sagrado-secular?
- La divisoria sagrado-secular, ¿afecta cómo y qué enseño?
- ¿Me afecta a mí la divisoria sagrado-secular?

Sino también preguntarnos:

- ¿Tenemos una visión de lo que podría ser el discipulado de lunes a sábado para las personas en nuestras propias iglesias?
- ¿Sabemos cómo habría de ser una iglesia que forma discípulos para toda la vida?

La razón por la cual estas son preguntas importantes es que es muy poco común encontrar iglesias así. En general e históricamente, las denominaciones no le han pedido a los seminarios que capaciten a pastores para formar discípulos de toda la vida. Sin embargo, como lo expresa el Obispo Graham Cray, autor de *Mission-Shaped Church* (Una iglesia con forma de misión) y ex Rector de Ridley Hall, Cambridge: "las iglesias tienen que darse cuenta que el núcleo de su vocación es ser comunidades que hacen discípulos, hagan lo que hagan aparte de eso".[4]

La cultura de nuestra iglesia local está profundamente afectada por la divisoria sagrado-secular; más de lo que a menudo nos damos cuenta. Afecta las canciones que cantamos, rara vez sobre la vida de lunes a sábado. Afecta quién y qué está en la lista de oración, rara vez los campos de misión —de lunes a sábado— de la congregación. Afecta lo que está en la agenda de nuestras reuniones —rara vez el discipulado de todo el pueblo de Dios. Afecta las historias que contamos en la iglesia, a quién honramos en público, cómo usan su tiempo los pastores, lo que ven en la Biblia, los temas de lo cuales eligen predicar, las ilustraciones que usan.

Hace un tiempo, cuando yo (Mark) estaba enseñando en la Escuela de Teología de Londres, hice algunas investigaciones sobre la predicación evangélica.[5] Descubrimos que más del cincuenta por ciento de evangélicos nunca había escuchado un sermón sobre el trabajo y, más significativo, que un porcentaje aún superior no sentía que tuviera una comprensión bíblica del trabajo y de su papel en su vida.

---

4. Citado en una ponencia presentada en el London Institution for Contemporary Christianity en el verano de 2010. Véase también G. Cray, *Disciples and Citizens: A Vision for Distinctive Living* (Nottingham: Inter-Varsity Press, 2007); y G. Cray, *Who's Shaping You? 21st Century Disciples* (Harpenden: Cell UK, 2010).

5. Mark Greene, "Is Anybody Listening?," *Anvil* 14, no. 4 (1997): 283–294.

¿Cómo puede ser eso? Después de todo, la Biblia rebosa de material sobre el trabajo, aplicable al trabajo y cuyo ámbito es el trabajo. Desde Génesis hasta Apocalipsis el trabajo es un tema recurrente, en la creación y la caída, en la construcción del arca y de la torre, en el trato entre Jacob y Labán, en el crecimiento de José, en la práctica de Moisés, en la instrucción y los mandatos de Levítico y Deuteronomio, en el ejercicio de la autoridad de Déborah y los demás jueces, en Reyes, en la praxis contracultural de Boz en su lugar de trabajo, en las frecuentes súplicas de David en los Salmos pidiendo ayuda para su ambiente de trabajo a menudo hostil, y así sucesivamente a través de Nehemías,, Proverbios, Eclesiastés, los Profetas, los Evangelios, Filipenses, Colosenses, Tesalonicenses y Apocalipsis.

El tema del trabajo está por todas partes en la Biblia. No solo es absolutamente obvio que el trabajo está en el texto, es absoluta y obviamente un tema para cualquier persona en una iglesia que se dedica a un oficio o una profesión. Entonces, ¿por qué los predicadores evangélicos no lo han predicado? Esa es la divisoria sagrado-secular en acción. O no lo vemos o elegimos no predicarlo cuando lo vemos.

Es una cuestión hermenéutica, por cierto, y es una cuestión homilética y doctrinal. Pero también es una cuestión pastoral, una cuestión misional, y de discipulado. De alguna manera es posible que los graduados salgan de nuestros seminarios sin saber que un componente central de su ministerio implica ayudar al pueblo de Dios a vivir su llamado como sacerdotes del reino en su vida de lunes a sábado. ¿Qué visión, podríamos preguntar, estamos transmitiendo acerca del rol de la persona cristiana en el mundo?

Esto no solo tiene impacto en los individuos: tiene un impacto en las naciones. En Alemania, en la década de 1950, la iglesia se preguntó: Cómo fue que la iglesia y la nación sucumbieron, en su mayor parte, tan fácilmente al nazismo? Por supuesto que hubo una serie de factores, pero una de sus principales conclusiones fue la siguiente: que la iglesia no tenía una doctrina suficientemente robusta de la elección.

Francamente, cuando el investigador me dijo eso, no lo entendí. Y no lo entendía por lo que pensaba que era la doctrina de la elección. Cuando me enseñaron la doctrina de la elección en la universidad, nos enfocamos en la predestinación y en la doble predestinación, en el debate entre Calvino y Arminio y quienes les siguieron —quién entra, quién no, y cuántos. Es una cuestión importante y un muy buen tema para ayudar a que los estudiantes desarrollen un método teológico —para combinar habilidades exegéticas, analíticas, históricas, filosóficas y de escritura.

Pero eso, señaló mi amigo investigador, no es el corazón de la doctrina de la elección. El corazón de la doctrina es que hemos sido elegidos como un reino de sacerdotes en el mundo, con un papel particular que desempeñar. Si no entendemos nuestro llamado en el mundo es poco probable que trabajemos para cumplirlo. Eso es lo que le pasó a la iglesia en Alemania. Y ciertamente ha ocurrido en mi propia nación.

Esto es enormemente importante para la iglesia local. Las personas que forman parte del pueblo de Dios, ¿que creen que son llamados a ser? ¿Qué piensan de su papel en el mundo?

La predicación bíblica y la enseñanza doctrinal son, obviamente, asuntos importantes que se relacionan con uno de los principales impulsores de la vida de la iglesia —el pueblo de Dios reunido el domingo para la enseñanza y la predicación. Pero la divisoria sagrado-secular puede penetrar en algo tan pequeño como una diapositiva con las palabras de un himno. Tomemos un himno como "Sé Tú Mi Visión,", que comienza así:

> Oh, Señor de mi alma, sé tu mi visión;
> Nada te aparte de mi corazón.

En muchas iglesias, las palabras de himnos y canciones se proyectan sobre la imagen de una puesta de sol sobre el mar o de una hermosa escena campestre. No hay nada malo en esas fotos de fondo. Los cielos declaran la gloria de Dios, y muchos de nosotros nos sentimos más cerca de Dios en su creación. Sin embargo, esas imágenes implican que Dios ha de ser encontrado en la naturaleza, en escapar de nuestros contextos habituales, no *en* nuestros contextos cotidianos.

Casi nunca veríamos las palabras de un himno sobre la imagen de una zona marginal de nuestra ciudad, o sobre una fábrica, o sobre una imagen de platos en un lavabo, o un club nocturno. Sin embargo el pastor que pone imágenes como estas detrás de los himnos tiene una visión mucho más rica del alcance de la preocupación de Dios, de dónde puede ser encontrado Dios y de lo que podría ser el papel de su pueblo en el mundo, que el pastor que usa la imagen de una puesta de sol dorada.

Estamos formando pastores, pero ¿para hacer qué? ¿Qué comprensión de su papel en relación con el pueblo de Dios moldea nuestra enseñanza y nuestras evaluaciones?

¿Los estamos entrenando para crear comunidades cuyos miembros están intencionalmente buscando que cada uno crezca en su capacidad de dar fruto para Cristo en toda su vida? A grandes rasgos, no estamos haciendo eso. De hecho, es bastante difícil encontrar módulos o cursos en los seminarios sobre cómo ayudar a otras personas a crecer como discípulos en Cristo. Por cierto, aunque los pastores esperan cuidar de personas con necesidades pastorales, no esperan ayudarles a entender cómo tener un impacto para Cristo en la fábrica en la que trabajan; y ni hablar de equipar y entrenarles para hacerlo. Esa es la divisoria sagrado-secular.

Tiempo atrás, yo (Mark) y mi colega, el Rev. Dr. Neil Hudson, un pionero en la creación de iglesias que hacen discípulos de toda la vida y autor del libro *Imagine Church* (Imaginar la Iglesia),[6] conocimos a un joven llamado Ed en una conferencia. Ed estaba trabajando en una fábrica; estaba sobrecalificado para su puesto y su trabajo le aburría. Ed había orado por un nuevo trabajo. No pasó nada. Había pedido a su grupo pequeño que orara para que pudiera encontrar un nuevo trabajo. No pasó nada. Había pedido a la iglesia que orara para que consiguiera un nuevo trabajo. No pasó nada. Me pregunto: ¿qué le podríamos decir a Ed?

En muchas partes del mundo, uno nada más podría señalarle que está profundamente bendecido simplemente por tener trabajo, y por poder proveer para sí mismo y para otros a través del trabajo que el Señor le ha dado.

Pastoralmente uno podría responder: "Ed, el Señor te está enseñando paciencia y perseverancia. El Señor es soberano y proveerá según sus tiempos".

Desde lo práctico uno podría responder: "Ed, tal vez si te quitaras los aros de la nariz y te cortaras el pelo tendrías más posibilidades...".

Neil dijo, "Bueno, si tú y tu grupo pequeño y toda tu iglesia han orado y Dios no te ha dado un nuevo trabajo, entonces la pregunta es: ¿Qué quiere Dios que hagas allí?" Y citó Jeremías 29:7: "Además, busquen el bienestar de la

---

6. Neil Hudson, *Imagine Church: Releasing Whole-Life Disciples* (Nottingham: Inter-Varsity Press, 2012).

ciudad adonde los he deportado, y pidan al Señor por ella, porque el bienestar de ustedes depende del bienestar de la ciudad".

Y Ed respondió: "¿Quieres decir que debo ser de bendición allí?

Así que, a partir de entonces, Ed llegaba diez minutos antes para su turno y se conectaba con las personas que terminaban su turno y con las que empezaban el siguiente turno. Comenzó a orar por la gente sin que lo supieran, y luego a hacerlo a sabiendas de ellos. ¿Su trabajo aún era aburrido? Sí. ¿Era aburrido su día? No. Estaba trabajando con Dios.

Esto parece algo pequeño, pero es algo grande tanto para Ed como para lo que dice sobre el alcance de la relación pastoral. Los miembros de la iglesia esperan ser atendidos cuando están en crisis, pero a menudo no esperan ser equipados para la misión en sus actividades diarias. Y esto representa un cambio significativo pero necesario para la autocomprensión y el papel del clero ordenado: desde la atención pastoral a la formación de discípulos de toda la vida y su equipamiento para la misión; desde hacer funcionar las actividades de la iglesia local a inspirar y empoderar a las personas a fin de que tengan un impacto para Cristo en su vida cotidiana dondequiera que estén.

Lo que hizo Neil fue ayudar a que Ed viera cómo podía participar en la misión de Dios precisamente donde estaba. Y esa es una de las cosas que los líderes de la iglesia están llamados a hacer: dar a las personas una visión misional de toda la vida y discipularlas para vivirla.

Esto lo vemos en la praxis de Jesús. Sí, en su ministerio público pasó mucho tiempo enseñando a grandes grupos de personas y, por cierto, tratando con la enfermedad física y espiritual. Pero parece haber pasado la mayor parte del tiempo con un pequeño grupo en un contexto interactivo y dialógico — haciendo discípulos.

Pero no fue solo en su propia práctica que Jesús se enfocó en el hacer discípulos; esta exigencia de hacer discípulos se la transmitió a sus seguidores. En el relato de Mateo, las famosas últimas palabras de Jesús fueron: "Vayan y hagan discípulos de todas las naciones, bautizándolos en el nombre del Padre y del Hijo y del Espíritu Santo, enseñándoles a obedecer todo lo que les he mandado a ustedes" (Mt 28:19-20).

Jesús no dijo "Vayan y conviertan", sino "Vayan y hagan discípulos". Hay un mundo de diferencia entre un convertido y un discípulo. Un convertido ha llegado a su destino ; un discípulo está en un viaje de aprendizaje, en el camino de vivir a la manera de Jesús en cada área de la vida.

De hecho, cuando Jesús pronunció esas palabras, sospecho que aquellos primeros discípulos, que habían pasado los últimos tres años con él, hubieran entendido que quiso decir: "Vayan y tengan con otros el tipo de relación que yo he tenido con ustedes".

¿Y qué tipo de relación era? Interactiva, continua y personal; comiendo, bebiendo y viajando juntos; respondiendo a preguntas, abordando cuestiones de carácter y reflexionando proactivamente con ellos acerca de su experiencia. ¿Cuántos de nosotros hemos tenido alguna vez una relación así con un cristiano mayor? ¿Cuántos de nosotros tenemos relaciones con personas en nuestras congregaciones que se parecen a eso? ¿Cuántos seminarios han entrenado a sus estudiantes para que tengan esa clase de relaciones de discipulado? En nuestro estudio global encontramos muy pocos ejemplos de este tipo de relaciones y de iniciativas de formación que la impulsaran.

Lo que la divisoria sagrado-secular ha hecho no es solo encoger nuestra comprensión del alcance de la tarea de hacer discípulos; más bien nos ha cegado a su necesidad. La educación teológica existe para servir a la iglesia: no necesariamente para proporcionar lo que la iglesia —con su divisoria sagrado-secular— nos dice que necesita, sino para proporcionar lo que la iglesia realmente necesita para servir la *missio Dei* en nuestro contexto en este momento de la historia.

El desafío de crear comunidades misionales hacedoras de discípulos de toda la vida —discípulos de lunes a domingo— no se logrará solo con nuevos recursos, nuevos programas o nuevos módulos de entrenamiento, sino con un esfuerzo coordinado por cambiar la cultura medular de la iglesia local en una cultura misionera de y para toda la vida. El papel de los seminarios es asegurar que los estudiantes tengan la base teológica, las habilidades exegéticas, la voluntad de liderazgo y las habilidades prácticas para hacerlo.

Como hemos mencionado, Langham Partnership y LICC han participado en un proyecto de investigación de dos años para ayudar a desarrollar las mejores prácticas. Hemos creado cuatro talleres colaborativos de cuatro días con educadores teológicos de diversas instituciones de Europa, América Latina, África y Asia. Los objetivos han sido tres:

- Aprender cómo se manifiesta la divisoria sagrado-secular en diferentes contextos culturales;
- Identificar las mejores prácticas – qué funciona, por qué, y qué es transferible;
- Evaluar y desarrollar herramientas que generen conciencia de los temas, y herramientas que los combatan y creen una nueva cultura de y para toda la vida.

Aprendimos mucho por el camino. Nos animaron los ejemplos de prácticas liberadoras que encontramos en culturas institucionales, en el diseño curricular y en la evaluación curricular. De hecho, hubo más que suficientes ejemplos y variedad de intervenciones para convencernos de que cualquier persona trabajando a cualquier nivel en la educación teológica puede empezar a marcar una diferencia en su propio contexto, aunque pudiera tardar más cambiar un curso general o la institución en su conjunto. No se necesita dinero ni formación especializada. Oración, imaginación, iniciativa y curiosidad sobre la textura de la vida cotidiana de las personas en el mundo son una apasionante combinación.

Los resultados de ese trabajo se han publicado en *Theological Education and Mission for All God's People: Overcoming the Sacred/Secular Divide — Ways Forward*,[7] (*La educación teológica y la misión para todo el pueblo de Dios: Superando la divisoria sagrado-secular —hojas de ruta*) con aportes de educadores teológicos de todo el mundo. El libro arroja una visión para el discipulado de toda la vida y para la iglesia que hace discípulos de y para toda la vida. Aborda la divisoria sagrado-secular a la luz de las Escrituras, y luego hace un relevo de fuentes clave para la reflexión teológica histórica y contemporánea. Explora los principios que pueden nutrir cambios concretos en el currículo, en módulos, en ponencias individuales, en la cultura institucional y en nuestro propio discipulado, y ofrece ejemplos de las mejores prácticas de alrededor del mundo. Nuestra oración es que, junto con el trabajo de esta conferencia, contribuya a una cultura hacedora de discípulos de vida entera que es dinámica y contagiosa, y que nuestros estudiantes puedan llevar a sus ministerios en la iglesia y la sociedad.

---

7. Greene y Shaw, *Theological Education*.

Preguntas para la reflexión personal y grupal

1. Tome un momento para reflexionar sobre el ejemplo de Victoria, compartido al principio del capítulo, que sirve a Dios y ministra a otros a través de su trabajo como peluquera. En su propio contexto, ¿conoce a alguien como Victoria que conscientemente cumple su llamado de discipulado cristiano, servicio y misión a través de su trabajo vocacional diario?

2. Si ha pensado en un ejemplo de alguien como Victoria, compártalo con los miembros de su grupo de discusión. ¿Qué influencias formativas han moldeado (o siguen moldeando) la manera en que esa persona comprende su trabajo, su discipulado y su misión?

3. Al reflexionar sobre el ejemplo de Victoria (y sobre sus propios ejemplos), ¿cómo respondería a las siguientes preguntas planteadas por el autor:

- ¿Qué clase de comunidad eclesial hace discípulas como Victoria?
- ¿Qué clase de líder de iglesia produce discípulas como Victoria?
- ¿Qué clase de seminario produce líderes de iglesia que producen discípulas como Victoria?

4. Sus respuestas a la tercera pregunta, ¿refuerzan su comportamiento o crean una necesidad de cambiar? Ore por la sabiduría para aplicar estas ideas en sus relaciones y práctica docente.

5. Si usted enseña en un seminario, reflexione sobre las maneras en que la divisoria sagrado-secular se manifiesta en la cultura institucional de su seminario, en los énfasis curriculares de y en su propia práctica docente. Se pueden compartir varios ejemplos y analizarlos de forma constructiva con el grupo.

6. Considere maneras en que la divisoria sagrado-secular es evidente en las iglesias evangélicas de su contexto. Tome en cuenta aspectos como los programas y las prioridades de la iglesia local, la cultura institucional, las suposiciones comunes respecto al discipulado, el ministerio y la misión, etc.

7. ¿Qué ideas prácticas pueden sugerir que podrían ayudar a que los seminarios e iglesias en su contexto sean más eficaces en lo que los autores describen como "discipulado de lunes a sábado" y "hacer discípulos de y para toda la vida"?

8. Comprométase a orar por aquellos en su grupo, que pudieran implementar tales cambios.

Referencias

Cray, G. *Disciples and Citizens: A Vision for Distinctive Living*. Nottingham: Inter-Varsity Press, 2007.

———. *Who's Shaping You? 21st Century Disciples*. Harpenden: Cell UK, 2010.

Greene, Mark. "Is Anybody Listening?" *Anvil* 14, no. 4 (1997): 283-294.

———. *The One About . . . 8 Stories about God in Our Everyday Lives*. London: LICC, 2017.

Greene, Mark, y Ian Shaw, eds. *Whole-Life Mission for the Whole Church: Overcoming the Sacred-Secular Divide through Theological Education*. Carlisle: Langham Global Library, 2021.

Hudson, Neil. *Imagine Church: Releasing Whole-Life Disciples*. Nottingham: Inter-Varsity Press, 2012.

Sayers, D. L. "Why Work?" In *Letters to a Diminished Church: Passionate Arguments for the Relevance of Christian Doctrine*. Nashville: Thomas Nelson, 2004.

———. "Por qué trabajar" en *Aprender y trabajar*, trad. J. Aranguren. Pamplona: Universidad de Navarra, 2019.

Sección 4

Un llamado desde el otro lado de la divisoria

En las secciones anteriores, hemos escuchado diferentes "llamados": a la integración, a las virtudes, y a la iglesia. En esta sección, escuchamos un llamado "desde Macedonia": desde la otra acera de la divisoria académica, los académicos en la universidad están pidiendo ayuda de los teólogos en torno a cómo pueden cumplir efectivamente su llamado como académicos cristianos. Un creciente número de académicos cristianos está reconociendo la necesidad de un entendimiento más profundo y un conocimiento más sofisticado de la teología. Especialistas en sus propios campos, estos estudiosos necesitan un tipo de conocimiento teológico que coincida con su propia pericia.

Esta sección ofrece información y percepciones prácticas sobre cómo teólogos y académicos pueden trabajar juntos para formar una comunidad hermenéutica. Desafía a los estudiosos de ambos lados de la divisoria a ir más allá de sus propias disciplinas. Para los teólogos, esto requeriría imaginar cómo sería la teología en el contexto de la universidad. ¿Qué preguntas, problemas y preocupaciones tienen los académicos que invitan la contribución de los teólogos? La sobrespecialización y las dicotomías entre las disciplinas son un obstáculo. Esto es cierto especialmente en el seminario, donde es común escuchar comentarios como "El teólogo nunca habla con el biblista", y viceversa. Aun para que los teólogos comiencen a pensar en cómo pueden extenderle una mano a académicos del otro lado de la divisoria, primero necesitan aprender cómo colaborar entre ellos dentro del seminario.

La buena noticia es que ahora tenemos modelos o tentativas para cómo hacerlo. En esta sección, se nos dan algunos ejemplos de cómo los teólogos y académicos en otros campos han trabajado juntos en formas que han permitido contribuciones mutuas. La esperanza es que los teólogos vean su llamado no solo en el seminario y en la iglesia, sino a la sociedad en general.

8

¿Dónde están los teólogos?
Una llamada desde la otra acera académica

Terence Halliday

Introducción

Primero expreso mi agradecimiento al Dr. Riad Kassis y a los convocantes de esta consulta por invitarme, como alguien ajeno a la educación teológica, a unirse a sus ricas conversaciones en esta conferencia. Ha sido inspirador y edificante. He aprendido mucho.

Comienzo con un texto que conocemos muy bien:

> En el principio ya existía el Verbo, y el Verbo estaba con Dios, y el Verbo era Dios. *Por medio de él todas las cosas fueron creadas; sin él, nada de lo creado llegó a existir.* En él estaba la vida, y la vida era la luz de la humanidad. Esta luz resplandece en las tinieblas, y las tinieblas no *han* podido extinguirla. (Juan 1:1–5, *énfasis agregado*)

Soy un sociólogo académico que se especializa en el cambio legal a nivel global.[1] Durante algunos trabajos de campo en Hong Kong unas semanas antes de esta conferencia hablé con un valiente y audaz profesor cristiano de Derecho en la Universidad de Hong Kong que ha tomado una fuerte posición contra los ataques a la libertad de expresión y al derecho de reunión en Hong Kong. Para ello ya ha pagado un alto precio. El profesor iba a ir a juicio en

---

1. Para más detalles, véase "Terence Halliday," American Bar Foundation, http://www.americanbarfoundation.org/faculty/profile/10.

noviembre de 2018 por una seria acusación que bien podría resultar en su confinamiento.[2] Le pregunté, "¿De dónde viene el entendimiento teológico para tomar la posición de liderazgo público que ha tomado?" Dijo (y lo parafraseo), "Tengo un hermano cristiano cercano, un teólogo, que se sienta conmigo y me posibilita discernir cómo debe ser la buena sociedad en Hong Kong y cómo ayudar a construirla".

Permítanme incurrir en una publicidad descarada que ayuda a enmarcar mi perspectiva. El año pasado, mi coautor y yo publicamos el libro *Global Lawmakers*[3] (Legisladores globales) sobre cómo las Naciones Unidas hacen leyes para gobernar el comercio mundial. Nuestras preguntas eran fáciles de hacer, aunque difíciles de responder. ¿Quién hace las leyes para el mundo? ¿De quiénes son las voces que dominan y de quiénes las que callan? ¿Cómo influyen esas leyes en el comercio mundial? ¿Quién se beneficia y quién pierde? ¿Cómo podría hacerse de otra manera la legislación global para que fuera más legítima, equitativa, etc.?

Por supuesto, que sé bastante bien cómo pensar en estos temas como sociólogo de derecho y mercados - ¡aunque los que han escrito reseñas pueden estar en desacuerdo! Creo que estoy equipado para influir, de alguna pequeña manera, en la gobernanza mundial del comercio y el mercado. Pero también soy una persona de fe. Soy un ciudadano del reino de Dios. Por cierto soy llamado tanto *a* avanzar el conocimiento y la comprensión en mi campo académico *como a* construir el reino de Dios en mi esfera de trabajo.

Mi desafío es cómo hacer ambas cosas. Viajo por el mundo en mi cualidad de académico. Como profesor voluntario con la Comunidad Internacional de Estudiantes Evangélicos (en inglés, International Fellowship of Evangelical Students —IFES), le hablo a grupos de estudiantes y profesores en casi todos los continentes. Y en todos los lugares a los que voy, directa o indirectamente, profesores y estudiantes plantean la misma pregunta: ¿*Cómo* pienso de manera cristiana? Esto me da certeza de que no es solo un problema mío.

---

2. Posteriormente, el profesor Tai fue declarado culpable de los cargos de desobediencia civil, sentenciado a dieciocho meses en prisión y liberado a la espera de una apelación agendada para principios de 2021.
3. Susan Block-Lieb y Terence C. Halliday, *Global Lawmakers: International Organizations in the Crafting of World Markets* (Cambridge/New York: Cambridge University Press, 2017).

Hay cientos y miles de nosotros, profesores cristianos que necesitan ser equipados para pensar de manera cristiana.

- Estamos en facultades de agricultura y en departamentos de economía.
- Estamos en escuelas de bellas artes y en institutos de estudios jurídicos.
- Estamos en centros de control de enfermedades y en facultades de artes.
- Nos pueden encontrar en escuelas de negocios y de estudios literarios.
- Estamos presentes en las facultades de ciencias forestales y en las de arquitectura.
- Estamos en los centros de estudios de política pública y en escuelas de educación.
- Trabajamos con aceleradores de partículas y drones submarinos.
- Donde sea que hay educación superior, allí estamos.

Y Dios nos ha puesto allí con el propósito de construir su reino. Pero muchos de nosotros, tal vez todos, estamos incompletos. Sí, posiblemente tengamos cualificaciones avanzadas en nuestros campos académicos. Sí, es posible que seamos expertos en nuestra materia. Sí, posiblemente estemos a la vanguardia en la investigación. Sí, podemos ser profesores de una generación en ascenso o asesores de gobiernos y organizaciones internacionales.

Pero sufrimos de una gran debilidad: la mayoría de nosotros estamos teológicamente mal equipados. Existe una enorme asimetría entre el nivel de nuestra erudición académica y el nivel de nuestra sofisticación teológica. Podríamos tener cualificaciones de doctorado en nuestro campo académico, pero nuestra teología permanece a un nivel de escuela primaria o secundaria.

Entonces, mi desafío hoy es bastante simple —y bastante audaz. ¿Dónde están los teólogos? ¿Dónde están nuestras hermanas y hermanos en la fe que son fuertes donde nosotros somos débiles? ¿Dónde están los colaboradores, los interlocutores, los pensadores, que nos pueden sacar del analfabetismo, que nos pueden equipar para ser siervos más completos en el terreno fértil de la universidad? Hago un llamado desde la otra acera de la división académica para que nos ayuden —para que podamos abordar "todas las cosas" que estudiamos en la universidad a través de los ojos de la fe.

Algunas Aclaraciones

Permítanme comenzar con algunas especificaciones.

En primer lugar, por simplicidad, voy a utilizar el término "seminario" para cubrir todo tipo de educación teológica que está representada en esta consulta.

En segundo lugar, voy a utilizar el término "teología" para significar cualquier comprensión reflexiva de Dios y de su trabajo "en todas las cosas".

En tercer lugar, uso el término "teólogo" de manera bastante amplia para referirme a todos los profesores o docentes en los seminarios, aunque dirijo un llamado particular a aquellos que se describirían a sí mismos como teólogos.

Cuarto, uso el término "universidad" para referirme a cualquier institución de educación superior, investigación avanzada y erudición.

Quinto, cuando hablo de "facultad", incluyo a profesores de educación superior, estudiantes de posgrado, estudiantes posdoctorales e investigadores en institutos de estudios avanzados.

Por qué es oportuno este desafío

Una de las constantes a través de las Escrituras es la *sorpresa*. En este momento hay tres sucesos que me llevan a creer que se está abriendo una nueva posibilidad para establecer relaciones entre teólogos y eruditos en las otras disciplinas.

Primero, discierno un pequeño fermento, un despertar, un mover del Espíritu, alrededor del mundo entre cristianos en y cerca de las universidades. En la Universidad de Oxford esto toma la forma de un dinámico programa para profesores y estudiantes de posgrado sobre "cómo desarrollar una mente cristiana".[4] En EE.UU., el ministerio a profesores y estudiantes de posgrado del movimiento Intervarsity insta a estudiantes y profesores a "integrar la fe y el saber".[5] En la última década, he participado en un creciente movimiento mundial dentro de IFES que busca "involucrarse y comprometerse con la universidad".[6] El filósofo y teólogo Nicholas Wolterstorff, de la Universidad

---

4. Véase Desarrollando una Mente Cristiana en Oxford (Developing a Christian Mind at Oxford), https://dcmoxford.org/.
5. "Graduate and Faculty Ministries," InterVarsity, https://gfm.intervarsity.org/.
6. "Conectar con la universidad" (en inglés, Engaging the University"), IFES, https://ifesworld.org/es/universidad/; "Visión," Recursos para conectar con la universidad, http://engage.universityresources.org/.

de Yale, impulsó una serie de libros orientada a ver las disciplinas académicas "a través de los ojos de la fe".

En segundo lugar, en muchas partes del mundo hay una cohorte de profesores de alto nivel, algunos recién jubilados y otros que se acercan a la jubilación o que lo están considerando. Muchos de estos profesores cristianos pueden estar buscando un nuevo llamado, con el cual podrían aportar la plenitud de sus carreras académicas a desarrollar mentes cristianas en sus universidades.

En tercer lugar, estoy escuchando señales más fuertes de dos acontecimientos, al menos en las principales universidades en el Norte Global. Por un lado, como me dijo recientemente un eminente erudito de la Universidad de Cambridge, hay un sentir en algunas universidades líderes de que la autoconfianza secular está empezando a flaquear y trastabillar. Por otro lado, vemos apertura dentro de los entornos universitarios para la reflexión ponderada en torno al lugar legítimo de las religiones, incluyendo el Cristianismo.

Juntos, estos avances sugieren que estamos en un momento crítico en el que los teólogos son llamados a traspasar la divisoria para darle a la facultad cristiana una nueva visión y nuevas perspectivas sobre cómo desarrollar una mente cristiana en cada parte de la universidad.

¿Por qué cruzar la divisoria?

¿Por qué deberían los seminarios y los teólogos traspasar la divisoria? En los últimos meses le he hecho esa pregunta a muchos eruditos, teólogos y educadores teológicos. Ellos dicen:

Cruzar la divisoria es vital para los académicos de las diversas disciplinas

Los académicos son una audiencia estratégica para el seminario. Los académicos a menudo están a la vanguardia del descubrimiento, el pensamiento y el debate. Con frecuencia se los puede encontrar moldeando la opinión pública y asesorando a legisladores y responsables políticos, ya sean locales, nacionales o internacionales. Los académicos moldean las mentes de la próxima generación de profesionales y líderes. Si estos académicos son cristianos tienen una necesidad imperiosa de ser equipados y servidos. Son un órgano vital de la iglesia, en su presencia local y en su impronta universal.

Cruzar la divisoria: es necesario para los teólogos

Un destacado teólogo me dijo hace poco tiempo que los teólogos necesitan demostrar, más allá del seminario, por qué una doctrina importa. ¿Qué está en juego con la teología y la ética teológica?

Como todos nosotros, me dicen, los teólogos necesitan ser renovados, a veces en aguas tranquilas, en otros momentos entre truenos. Los docentes de seminario pueden ampliar su imaginación teológica extendiéndose fuera del seminario para descubrir qué preguntas preocupan a los estudiosos en las disciplinas del otro lado de la divisoria.

Cruzar la divisoria: es necesario para pastores que lideran congregaciones

Si los principales productos de los seminarios son pastores y líderes cristianos, entonces los pastores deben estar equipados para hablar con las personas en sus congregaciones que están en universidades o que vienen de allí. Quizás estas personas laicas, sentadas en las bancas de la iglesia, son líderes de negocios, líderes en el gobierno, en el ejército, en la sociedad civil o en el sector voluntario de la sociedad. En cada una de estas esferas las personas enfrentan problemas difíciles, decisiones difíciles, preguntas sobre cómo deben comportarse y qué deben decir. Ya que las personas más altamente formadas tienden a moldear a las sociedades, estas deben ser una prioridad estratégica para los pastores y los seminarios que los capacitan.

Cruzar la divisoria es también vital para los seminarios como instituciones

Si los seminarios han de ser relevantes para sus sociedades entonces, según me dicen los líderes de seminarios, necesitan poder demostrar que la Biblia, y las grandes teologías que la entretejen, hacen que los seminarios y los teólogos sean intérpretes y guías morales y espirituales para *todas* las instituciones. Al hacer eso, los seminarios logran cultivar un apoyo cada vez más profundo porque pueden ser vistos como relevantes para toda la vida.

¿Qué tan lejos llega su teología?

Quisiera preguntar, respetuosamente, ¿hasta dónde llega su teología? ¿Cuánto alcance tiene, más allá de la divisoria?

Sé que muchos seminarios equipan bien a los que trabajan en los campus universitarios para que enriquezcan la vida devocional de los estudiantes cristianos y para llamar a los estudiantes a seguir a Jesús.

Sé que los seminarios con frecuencia, y con razón, fortalecen a sus estudiantes con las armas de la apologética.

Hoy, sin embargo, estoy hablando de una teología que penetra cada rincón de la vida, de las prácticas y del pensamiento de la universidad.

Estoy hablando de una teología que puede guiar a la facultad en nuestras agendas de investigación.

Estoy hablando de una teología que moldea cómo llevamos a cabo nuestra enseñanza y erudición —en nuestras aulas, laboratorios, grupos de investigación, redes académicas y mentorías.

Estoy hablando de una teología que equipa a todos los profesores con el vocabulario de un salmista, con expresiones de alabanza y de respuestas a la gloria de Dios por como la vemos revelada en los descubrimientos de su creación.

Estoy hablando de una teología que aporta una sensibilidad moral a todas las formas en que podemos imaginar que nuestra erudición fomenta el florecimiento humano.

¿Pueden "conducirnos a caminos de justicia" a la vez que consideramos si lo que investigamos y publicamos muestra el amor de Dios al mundo? ¿Pueden mostrarnos cómo evaluar las formas en que nuestro trabajo hace posible el florecimiento? ¿Pueden ayudarnos a ver cómo nuestro trabajo puede inspirar a la iglesia, desafiar a la iglesia y forjar ricas alianzas con la iglesia?

¿Teología para qué?

¿Cuáles son las áreas, los temas, en los cuales convocamos a la conversación y la colaboración por encima de la divisoria?

1. Un enfoque es pensar en los *grandes temas* de nuestros tiempos y regiones.

La siguiente lista muestra los grandes temas abordados desde una perspectiva cristiana por el Programa Intensivo de Estudios de Verano de la Unión de Estudiantes Evangélicos de la India (UESI), en Nueva Delhi:

- Conflicto étnico
- Cambio climático
- Relaciones internacionales entre India y China
- La política del petróleo
- La descolonización
- Pobreza y privación
- Mercados negros

Los siguientes son *temas sociales* que estudiantes y profesores querían abordar como cristianos en nuestro retiro en Lima, Perú, con AGEUP, el movimiento nacional peruano de IFES:

- Creación de trabajo y emprendimiento
- Corrupción
- Alternativas agrícolas para los productores de coca
- Fuentes alternativas de energía
- Cuestiones de identidad en las comunidades indígenas

2. Otro enfoque es esbozar una teología que aborde las preocupaciones pastorales.

Podemos ver esto logrado de manera admirable por los comentaristas bíblicos en los comentarios bíblicos de Langham.

En el Comentario Bíblico Africano de Langham (*Africa Bible Commentary*) encontramos artículos de entre media página y página entera sobre temas críticos para los africanos: deuda, democracia, ritos de iniciación, refugiados, niños de la calle, tribalismo, hechicería, entre otros. En el Comentario Bíblico de Asia del Sur de Langham (*South Asia Bible Commentary*) se consideran temas que son críticos para personas de esa región: las castas, los gurúes, el karma y el fatalismo, la resurrección y la reencarnación, el yoga y la meditación, entre muchos otros.

Hay un gran mérito en todos estos enfoques, y los afirmo con fuerza. Sin embargo, debemos ir más lejos. ¿Por qué?

3. Creo que tenemos que penetrar en las áreas técnicas, los temas altamente específicos conocidos solo por los especialistas en las disciplinas. A menudo las

fronteras del conocimiento y de descubrimiento se encuentran en estas áreas, mucho antes de que entren en la esfera pública o se publiquen en las secciones de ciencia de *El País*, *Le Monde*, *The Guardian* o el *New York Times*, mucho antes de que se conviertan en documentales en *Al Jazeera* y otros ámbitos.

4. Y, por supuesto, hay muchas áreas de índole multidisciplinaria que son apremiantes.

Los siguientes son temas sugeridos por la facultad de universidades de Boston, incluyendo Harvard y el Instituto de Tecnología de Massachusetts, en nuestro retiro del año pasado:

- El comercio internacional ¿perjudica a los pobres?
- ¿Son los ensayos aleatorios controlados la norma de referencia para la formulación de políticas públicas?
- ¿Cómo podemos alcanzar la sostenibilidad en energía, agricultura, salud, y medio ambiente?
- ¿Cómo adoptamos enfoques éticos en torno a los descubrimientos en biotecnología?
- ¿Cómo podemos usar el discurso y la narrativa para empoderar a los oprimidos?
- ¿Cómo entendemos los tipos de seguridad —alimenticia, económica, confidencialidad, privacidad, seguridad, crimen?

Sin embargo, creo que debemos ir aún más lejos. Esto es lo que buscamos con una iniciativa de la facultad que está en desarrollo, y que inicialmente enfoca en las universidades de investigación.[7]

Donde necesito apoyo teológico no es en la relación de la sociología con la fe en general, con la ciencia en general, con la ley o la economía en general, aunque todos son temas dignos.

Estoy hablando de lo que el astrofísico está investigando y publicando ahora.

Estoy hablando del proyecto que en este momento está diseñando el profesor de derecho comercial.

---

7. Dirigido por Donald Hay (Oxford University) y Terence Halliday (American Bar Foundation & Australian National University), la Iniciativa de la Facultad es "una iniciativa que busca promover la integración de la fe cristiana y las disciplinas académicas en las universidades de investigación de todo el mundo." https://facultyinitiative.net/.

Estoy hablando de la teoría que el economista de desarrollo está refinando actualmente.

La teología debe penetrar en la frontera del conocimiento en cada facultad.

¿Qué tipo de teología?

Es perfectamente razonable que me pregunten: ¿Qué tipo de teología podría realmente alcanzar e interactuar con estos problemas? No es razonable exigir percepciones y glosas teológicas para cada tema que trabajamos. La lista es interminable, dinámica y enormemente heterogénea. Tal vez hay otra manera.

Donald Hay, profesor de Jesus College y ex Vicerrector Delegado de la Universidad de Oxford, y yo, junto con académicos sénior en teología y otras disciplinas, estamos iniciando una Iniciativa de la Facultad con el fin de construir puentes robustos que crucen la divisoria. Estamos experimentando con enfoques que son fuertes tanto en teología como en las otras disciplinas. Este abordaje propone un diseño en dos dimensiones.

En una dimensión de nuestro esfuerzo —desde mi lado de la divisoria— aspiramos a satisfacer las necesidades de los docentes y profesores en todas las principales facultades que observamos en las universidades de todo el mundo. Estas incluyen Agricultura, Arquitectura, Bellas Artes y Artes Escénicas, Humanidades, Derecho, Medicina, Políticas Públicas, Salud Pública, Ingeniería, Ciencias Sociales, Ciencias Biológicas y Físicas.

En otra dimensión de nuestra iniciativa —desde vuestro lado de la divisoria— contemplamos tres o cuatro grupos de temas que surgen una y otra vez en nuestro trabajo dentro de las universidades.

1. Cuatro teologías: Creación, Caída, Redención, Esperanza

En la Sección de Facultad y Estudiantes de Posgrado de la Asamblea Mundial de IFES 2015, el Dr. Vinoth Ramachandra, Secretario de la IFES para el Diálogo y el Compromiso Social, animó a que los académicos aprendieran las teologías de la creación, de la reconciliación y de la revelación, entre otras.

En nuestra Iniciativa de la Facultad comenzaremos con las teologías que vemos que más pueden alcanzar la amplitud de facultades de la universidad, incluyendo la teología de la creación, de la caída, de la redención y de la esperanza.

2. Grandes temas

En los talleres y retiros de profesores y estudiantes de posgrado he encontrado que varios temas bíblicos resuenan ampliamente. A veces estos temas sorprenden a los profesores. Tal vez nunca se les haya pedido que imaginen cómo estos temas pueden ser relevantes para su trabajo académico.

Entre estos temas están el asombro, la belleza, la creatividad, el florecimiento, la justicia, el amor, el orden y la sabiduría. Enseguida podrán ver que algunos de estos temas son perfectamente aceptables aun en las universidades más seculares o antirreligiosas.

3. Las virtudes

De manera un tanto sorprendente, y por la providencia de Dios, hay un creciente interés por el carácter y las virtudes, ciertamente en algunas universidades con las que estoy familiarizado. El Oxford Pastorate[8], por ejemplo, tiene un proyecto sobre carácter y la universidad, que ofrece espacios en las universidades para conversaciones que se conectan de forma directa con virtudes que buscamos cultivar en nuestra fe.

¿Qué tipo de interacción y compromiso?

Pretendemos cruzar la divisoria abriendo una conversación bidireccional.

Desde el lado del seminario, invitaremos a los teólogos a que escriban un "Informe teológico" (5000-8000 palabras) sobre cada una de estas "teologías" de una manera en que los académicos de todas las disciplinas lo puedan entender fácilmente.[9]

Desde el lado de las disciplinas, invitaremos a estudiosos cristianos de cada una de las facultades dentro de la universidad a escribir algo aún más breve en respuesta, un "Informe de disciplina" (de unas 3000-5000 palabras) desde el punto de vista de un proyecto en particular, de un interés específico o de un trabajo escrito que actualmente están elaborando.

---

8. Oxford Pastorate, https://oxfordpastorate.org/.
9. Para fines de 2020 ya cuatro teólogos se han comprometido a escribir "Informes de teología": Nicholas Wolterstorff (Universidad de Yale) sobre la justicia; Nigel Biggar (Universidad de Oxford) sobre el orden creado; Miroslav Volf (Universidad de Yale) sobre el florecimiento; y Alister McGrath (Universidad de Oxford) sobre un tema aún por definirse.

De esta manera esperamos fomentar un encuentro entre muy buena teología y muy buena pericia disciplinaria, y que cada una enriquezca a la otra. La calidad está asegurada de ambas partes.

¿Teología desde dónde?

En cierto sentido, por supuesto, nuestra teología es universal.

En otro sentido, sin embargo, nuestro entendimiento de Dios y de su obra, nuestra lectura de las Escrituras, son profundamente contextuales y necesitamos interactuar con teologías surgidas de otras culturas.

Necesitamos teólogos locales (con sus entendimientos teológicos) que atiendan a los desafíos de lo local, lo nacional y lo regional. Y aquellos de nosotros que estamos en una región —América del Norte, por ejemplo— necesitamos desesperadamente las percepciones regenerativas de la teología que viene de otras regiones.

La "plaza" teológica que debemos crear, por lo tanto, es un lugar de encuentro para que todas las facultades de la universidad se conozcan con las teologías de todos los rincones de la iglesia universal, donde sea que haya teología y erudición.

Pero vayamos a algo más práctico.

Soluciones incompletas

Hay varias maneras en las que ha sido abordado este reto de cruzar la divisoria. Cada una tiene sus méritos, pero también sus límites.

Una es que el estudioso disciplinario conozca su Biblia. Por supuesto que esto es crítico, pero no es suficiente. Gracias a padres piadosos, he estado inmerso en las Escrituras desde mi juventud. Pero encontré que esto no me equipa para pensar teológicamente —pensar con la amplitud, la profundidad y la agudeza que se requiere para impregnar de manera adecuada mi trabajo académico con la riqueza de los significados de nuestra fe.

Otra es que un erudito en las disciplinas, que sea también cristiano, escriba un libro en el cual ofrece su propia teología. El peligro es que la teología de este estudioso no alcance el mismo nivel de calidad de sus trabajos académicos regulares.

Un tercer abordaje va en la dirección opuesta. Un teólogo dirige su mirada hacia el otro lado de la divisoria, elige un tema, y escribe reflexiones teológicas sobre una disciplina o un asunto importante. Aquí el nivel de reflexión teológica puede ser alto. El peligro es que el teólogo puede parecer ingenuo a los ojos de los eruditos especialistas.

Un cuarto abordaje es pedirle a los estudiosos de las disciplinas que se conviertan en teólogos. Esto sucede de vez en cuando con individuos excepcionales como el Profesor Alister McGrath de Oxford, que sirve en nuestro panel, o el Dr. Leigh Trevaskis, Director del Trinity College, Queensland, que obtuvo un doble doctorado, uno en una disciplina, y otro en teología. Pero eso está muy lejos de la mayoría de nosotros.

¿Podemos imaginarnos soluciones prácticas?

Aquí ofrezco algunas oportunidades para avanzar. Algunas han sido probadas; otras me las han sugerido, en su mayoría, líderes de seminarios y teólogos.

1. *Una oportunidad es que los estudiosos de las disciplinas se encuentren un socio teológico.* El profesor Benny Tai tiene alguien así. Mi colega de la Universidad Nacional de Australia, el Dr. Luke Glanville —experto en relaciones internacionales— está escribiendo un libro junto con su hermano, un pastor/teólogo canadiense. Por mi parte tengo una relación de este tipo con mi colega, el profesor K. Yeo del Seminario Evangélico Garrett y la Universidad Northwestern. Estas son situaciones ideales pero poco frecuentes.

2. En algunas circunstancias muy afortunadas puede haber, en una congregación o comunidad local, *grupos de eruditos cristianos* de diversas disciplinas y personas teológicamente entrenadas. Durante muchos años me reuní todos los viernes por la mañana por una hora y media con un círculo de hermanos cristianos de mi iglesia de origen, FPCE. Todos eran pastores ordenados y tres eran teólogos con numerosas publicaciones. Me incitaron a que hablase de lo que estaba investigando y escribiendo. Por su parte, le dieron significado teológico y me apuntaron en direcciones constructivas que ampliaron mis horizontes.

3. *Invite a académicos expertos a dar una charla en el seminario* —en lenguaje accesible— sobre su trabajo. Serían personas de diferentes disciplinas —por ejemplo, de la estética filosófica o de las ciencias biológicas— para tenerlos presentes y así propiciar una interacción teológica. Desde allí es posible que surjan conexiones más estrechas.
4. *Adopte a una universidad*, descubra la facultad cristiana en esa universidad, e invítelos al diálogo. Muchas ciudades de diversas partes del mundo tienen ciudades hermanas. Mi ciudad natal de Evanston, cerca de Chicago, tiene una ciudad hermana en Belice. ¿Podrían los seminarios forjar relaciones con universidades hermanas, aunque sea informalmente?
5. Dentro de los seminarios se podría desarrollar *un taller*, o aun un curso, donde se enseñan los grandes temas teológicos y donde los académicos de otras disciplinas puedan traer sus "problemas". Esto sería una manera de ejercitar los músculos mentales de ambos lados de la divisoria: trayendo a los estudiosos de las disciplinas hacia la teología y activando el compromiso teológico con las disciplinas.
6. En algunos seminarios hay *cursos de teología pública*. Podrían ser más explícitos en su acercamiento a temas genéricos y amplios que se manifiestan en diversas esferas de la vida, incluyendo la vida académica.
7. Grupos de eruditos de diversas disciplinas podrían formar círculos académicos *en los que invitan a teólogos como comentaristas*. Creamos un círculo así con estudiantes de doctorado y profesores en *Relaciones Internacionales*, en la Universidad Nacional de Australia. Cada uno de los especialistas en estudios internacionales escribió un documento borrador e invitamos a los teólogos del Centro Teológico Nacional St. Marks a comentar nuestros escritos y sumarse a conversaciones más amplias. Ahora estamos preparando los resultados para enviarlos a una revista de teología pública.
8. Y luego hay formas más remotas, usando *Internet y las redes sociales*, donde los teólogos pueden inspirar y los estudiosos de las disciplinas pueden responder. Eso estamos planeando con nuestra Iniciativa de la Facultad.

¿Qué clase de teólogos necesitamos?

Este es otro asunto práctico que he estado considerando: ¿Qué clase de persona anhelamos para que nos ayude a cruzar la divisoria entre la teología y las disciplinas?

Ciertamente hay cualidades personales. Una persona que:

- Se interese
- Sienta mi pasión
- Escuche
- Sea reflexiva
- Le dedique tiempo
- Se arriesgue

También hay cualidades teológicas. Esta persona deberá tener

- Una sensibilidad teológica -que puede pensar más allá del texto;
- Una imaginación teológica —que puede llevar la teología a lugares donde puede no haber ido antes;
- Una comprensión de las tradiciones teológicas —que puede sacar provecho de la rica tradición de la fe;
- Tenga la habilidad de traducir las teologías a un lenguaje accesible —que puede conversar fácilmente con personas que no son teólogos o teólogas.

Realismo: barreras y objeciones

Si queremos ser prácticos, también debemos ser realistas. Enfrentamos muchas barreras y objeciones en camino a lograr esta visión.

Permítanme comenzar por el lado de las disciplinas. No quiero, ni por un instante, transmitir el mensaje de que esta división entre las disciplinas y los seminarios es enteramente una construcción de los seminarios. Eso sería bastante equivocado.

Nosotros, del lado de las disciplinas, somos una gran parte del problema. Muchos de nosotros, incluso una mayoría de la facultad cristiana, no reconocemos que estamos llamados a pensar de manera cristiana sobre nuestra erudición.

Muchos de nosotros nos escondemos en nuestras oficinas sin querer abrirnos a nuevas perspectivas teológicas. La vida es lo suficientemente dura de nuestro lado de la divisoria sin cruzar al otro lado.

Le tenemos miedo a la teología. Pensamos que es otro idioma, otra forma de pensar, otra epistemología que está más allá de nosotros.

Desde el lado del seminario, le he preguntado a líderes de seminarios y a teólogos acerca de las dificultades que enfrentan, incluso si apoyan con entusiasmo esta visión de cruzar la divisoria. Dicen que:

- Los seminarios están a mucha distancia de las universidades.
- La facultad de los seminarios carece de antecedentes en las disciplinas.
- El gremio teológico es demasiado especializado o tiene una visión limitada de la zona de influencia de la teología.
- Los teólogos se centran en ser técnicamente correctos y le tienen miedo a alejarse demasiado del texto.
- Los seminarios ya sufren la carencia de recursos.
- La facultad se siente sobrecargada.
- Los seminarios carecen de confianza en lo que pueden contribuir a los mundos universitarios. Como ha dicho Nicholas Wolterstorff,[10] han llegado a creer que el flujo de influencia viene de las disciplinas a la teología, no de la teología a las disciplinas.
- Una eclesiología subyacente asume que lo que importa es servir a la iglesia entendida en el sentido estricto.

Mirando hacia adelante

Durante demasiado tiempo, demasiados de nosotros hemos vivido en diferentes mundos: un mundo disciplinario con escasa profundidad teológica; o un mundo de fe con fronteras teológicas confinadas. Una divisoria nos ha separado.

Aun así, el Espíritu se está moviendo —en el mundo universitario, en los seminarios, entre los estudiosos de todo tipo, en todas las regiones del mundo.

---

10. Nicholas Wolterstorff, *Religion in the University* (New Haven: Yale University Press, 2019).

Tenemos una maravillosa oportunidad para crear puentes que traspasen esa divisoria, para unir nuestras manos y expandir corazones y mentes.

Comenzamos con Juan 1. Concluyo con Colosenses 1:

> Porque en Él [Cristo] fueron creadas todas las cosas, tanto en los cielos como en la tierra, visibles e invisibles; ya sean tronos o dominios o poderes o autoridades; todo ha sido creado por medio de Él y para Él. Y Él es antes de todas las cosas, y en Él todas las cosas se conservan unidas. (Col 1:16-17 LBLA)

Mi súplica es que ustedes, los educadores teológicos, den un paso y crucen la divisoria. Invítennos a unirnos a ustedes en el diálogo, para que juntos podamos demostrarnos a nosotros mismos y a nuestros mundos que "en Él todas las cosas se conservan unidas".

Preguntas para la reflexión personal y grupal

1. ¿Qué respuestas daría a la pregunta planteada al autor por estudiantes y profesores: "¿Cómo pienso de manera cristiana?". Comparta las perspectivas que considere más importantes.

2. Reflexione sobre la relación entre la educación teológica y la educación superior en su propio contexto local y nacional y considere hasta qué punto existe la divisoria que describe Halliday. Comparta ejemplos de cualquier iniciativa que conozca que sirva para ayudar a los teólogos y académicos a "cruzar la divisoria".

3. Imagine que el Dr. Halliday acaba de entregar una presentación de este capítulo a la facultad de su institución teológica, y terminó con esta invitación:

> Mi desafío hoy, entonces, es bastante simple —y bastante audaz. ¿Dónde están los teólogos? ¿Dónde están nuestras hermanas y hermanos en la fe que son fuertes donde nosotros somos débiles? ¿Dónde están los colaboradores, los interlocutores, los pensadores, que nos pueden sacar del analfabetismo, que nos pueden equipar para ser siervos más completos en el terreno fértil de la universidad? Hago un llamado desde la otra acera de

la división académica para que nos ayuden —para que podamos abordar "todas las cosas" que estudiamos en la universidad a través de los ojos de la fe..

(a) ¿Qué tipo de barreras prevé para la respuesta a esta invitación? ¿Cómo podrían superarse esas barreras?

(b) Considere maneras prácticas en las que su facultad podría responder a este desafío en diálogo con profesores cristianos, profesores universitarios y académicos de su contexto.

4. A la vez que reflexiona sobre el enfoque de la enseñanza de los miembros de su facultad, proponga y discuta ejemplos de cuestiones interdisciplinarias que podrían ser fructíferamente exploradas por teólogos y académicos cristianos.

5. ¿Qué beneficios pueden tener estas investigaciones y reflexiones interdisciplinarias para la iglesia, la sociedad y las instituciones teológicas en su contexto?

6. ¿Qué medidas prácticas podrían tomarse para facilitar dicho diálogo entre teólogos y académicos individuales? ¿Y entre su institución y otras instituciones o grupos de académicos?

7. Haga una pausa y ore por sí mismo, por sus colegas y sus hermanos y hermanas cristianos que cumplen su llamado "del otro lado de la divisoria" como maestros, profesores universitarios y académicos.

Referencias

Wolterstorff, Nicholas. *Religion in the University*. New Haven: Yale University Press, 2019.

Sitios Web

Developing a Christian Mind (Desarrollando una mente cristiana), en Oxford. https://dcmoxford.org/.

"Conectar con la universidad." IFES. https://ifesworld.org/es/universidad/.

Faculty Initiative (Iniciativa de la Facultad). https://facultyinitiative.net/.

"Graduate and Faculty Ministries" (Ministerio con estudiantes de posgrado y facultad), InterVarsity. https://gfm.intervarsity.org/

Oxford Pastorate (Pastoral Oxford). https://oxfordpastorate.org/.

"Terence Halliday." American Bar Foundation. http://www.americanbarfoundation.org/faculty/profile/10.

"Visión." Recursos para conectar con la universidad. http://engage.universityresources.org/.

Epílogo

ICETE 2018 y luego COVID-19
Reflexiones y oraciones en torno a la divisoria sagrado-secular y nuestros contextos de COVID-19

Un nuevo contexto para la reflexión sobre la divisoria sagrado-secular

A principios del 2018, la pandemia que se avecinaba no estaba en la mente de los que estaban invitados a dar ponencias y talleres en la consulta trienal de ICETE. Ni cuando estaban escribiendo y reflexionando sobre los desafíos significativos y las oportunidades misionales que la así llamada divisoria sagrado-secular plantea para la iglesia global y para las instituciones teológicas evangélicas.

La pandemia tampoco estaba en la mente de los cientos de concurrentes de todo el mundo que se reunieron en Panamá durante cinco días en septiembre de 2018. Los desafíos y las oportunidades que se presentarían con la pandemia no fueron abordados por los oradores ni explicados en los talleres, y no formaron parte de la reflexión y aplicación personal de los participantes. En ese momento, la nueva normalidad del 2020 era imprevisible e impensable, y lo más que podíamos hacer era explorar los desafíos de traspasar la divisoria sagrado-secular en relación con la normalidad de nuestros contextos locales como la conocíamos a fines de 2018.

Aun cuando 2019 se convertía en 2020, muy pocos más allá de las esferas de gobierno y de salud pública podrían haber predicho las tremendas implicaciones (sanitarias, sociales, financieras, educativas, tecnológicas, religiosas, políticas y otras más) de este virus que se propagaría rápidamente por tantos países y regiones en los primeros meses del nuevo año.

Para las instituciones teológicas, los educadores y los estudiantes, la enseñanza y el aprendizaje comenzaron el año 2020 de la manera habitual, y pocos podrían haber imaginado los cambios que pronto arrasarían el mundo entero: el cierre de los espacios públicos y la prohibición de reuniones públicas, el trabajo desde la casa, las órdenes de encierro y aislamiento, y las restricciones de viaje. Las cuarentenas y los toques de queda, las mascarillas, el alcohol en gel y el distanciamiento social pronto se convirtieron en parte de la vida diaria. En el transcurso de pocas semanas se cerraron las instalaciones de los seminarios, los estudiantes fueron enviados a sus hogares, y los administradores, profesores y estudiantes hicieron la abrupta transición a la enseñanza remota de emergencia, o a la educación en línea. Más allá de las formidables implicaciones logísticas y educativas de la pandemia, muchas escuelas lucharon por mantenerse a flote bajo el peso de enormes cargas financieras. Las iglesias enfrentaron desafíos, condiciones y restricciones similares. A medida que la pandemia se extendía por nuestras comunidades y hacía peligrosas las reuniones públicas, los líderes cristianos se vieron obligados a descubrir e inventar nuevas formas de seguir haciendo las mismas cosas que la iglesia está llamada a hacer en cada época y en cada circunstancia. En el contexto de una nueva normalidad que se sentía muy extraña, líderes de iglesias y discípulos comprometidos encontraron nuevas formas de ministrar, virtualmente y a través de estrategias con distanciamiento, y nuevas formas de participar en la misión de Dios a sus dolientes comunidades en medio de las grandes dificultades y las nuevas condiciones presentadas por la pandemia.

La COVID-19 no fue un fenómeno localizado que solo le sucedió a otros en lugares lejanos. Nos pasó a todos en todas partes. El constante aluvión de malas noticias difundidas en redes sociales y medios de comunicación ha sido angustiante y desalentador y, con el tiempo, nos ha desgastado. La pandemia no ha dejado a nadie igual y ninguna comunidad ha quedado ilesa. Algunos de los que leen este epílogo habrán perdido seres queridos: familiares, amigos y colegas del ministerio. Tal vez habrán estado enfermos ellos mismos.

Quienes servimos en instituciones teológicas e iglesias estamos penosamente conscientes de la manera en que la pandemia ha devastado la vida de los miembros de nuestras comunidades educativas y religiosas, así como de las comunidades en las que vivimos. En estos tiempos difíciles, nuevas tensiones se han añadido a las que ya había. Muchos se han sentido comprensiblemente abrumados en la lucha por adaptarse y mantener el ritmo de los cambios rápidos, y en el cumplimiento de los múltiples compromisos de la vida diaria en la familia, la iglesia, el seminario y la comunidad.

Hacer teología en un nuevo contexto

El pueblo de Dios clama al Señor en medio del conflicto, la enfermedad, la muerte y el luto, y sigue clamando en medio de todo lo que la pandemia trajo y dejó por el camino. En este contexto, el lenguaje bíblico del lamento es particularmente apropiado. Ciertamente, como en muchos salmos de lamento, aun en medio de las profundas crisis personales y nacionales, los que confían en Dios pasan del lamento a la alabanza y a la petición.

En este epílogo queremos dar breves indicaciones sobre algunos conceptos teológicos que reúnen la divisoria sagrado-secular y la experiencia de COVID-19. También queremos ofrecer un patrón para la oración en torno a los temas principales de este libro.

Los escritores y editores no viven dentro de las páginas de sus libros. Tampoco lo hacen los lectores. Los que escribieron, los que editaron y los que leerán este trabajo, todos viven en el mundo verdadero. Ahora debemos reinterpretar y aplicar las directrices dadas dentro de los contextos en los que vivimos, drásticamente alterados y distantes de aquellos en los que originalmente se dieron y recibieron estos lineamientos en 2018.

Esta es una tarea hermenéutica a la que estamos acostumbrados: lo hacemos en la interpretación y aplicación del mensaje de las Escrituras a nuestra propia vida y a la de aquellos a quienes servimos en nuestras comunidades educativas, religiosas y locales. Será necesaria una tarea similar de contextualización para que el lector aplique las perspectivas de este libro a los desafíos y oportunidades de de la divisoria sagrado-secular en un mundo con COVID y post-COVID.

Es a la luz de estas nuevas realidades que los cuatro llamados de los autores ahora deben ser interpretados y aplicados: el llamado a la integración, el llamado a la virtud, el llamado a la iglesia, y el llamado a los seminarios desde la otra acera de la divisoria sagrado-secular.

Un llamado a la integración

Es en este contexto que debemos interpretar las palabras de aliento de Wright para encontrar consuelo, esperanza y fuerza renovada a medida que reflexionamos sobre el inalterable hecho de la singularidad de Dios, el registro pasado y la misión futura. En situaciones donde nos sentimos agobiados, urgidos y jalonados en muchas direcciones, se nos alienta a pedirle al Señor que vuelva a unir nuestros corazones para temer su nombre y servirle con integridad (Sal 86:11).

Es también en el contexto de la nueva normalidad que debemos luchar con la propuesta de Ho para aplicar las ideas de una visión más bíblica del mundo, abandonando la tradicional dicotomía sagrado-secular en favor de un continuo de sagrado a más sagrado que reconoce que todo el universo de Dios es en cierto grado sagrado, en virtud del trabajo creativo de Dios, su presencia y sus propósitos originales y redentores que actúan en él. Esta nueva forma de contemplar el mundo de Dios y de discernir su trabajo ayudará a cambiar la forma en que vemos todo y a todos, y ayudará a transformar la vida diaria (previamente relegada al plano de lo secular o mundano) y nuestras interacciones con otros (creados a imagen de Dios) en una búsqueda misional para ver glorificado el nombre de Dios, sus propósitos cumplidos y todos los aspectos de la vida cada vez más santificados.

En el Salmo 86, a la acción de gracias le sigue un lamento. Después de que el salmista expresara su agradecimiento (vv. 12–13), vuelve a clamar a Dios, porque "una banda de asesinos procura matarme" (v. 14). Es este movimiento de la acción de gracias al lamento que caracteriza la experiencia de muchas de nuestras instituciones con la repentina e inesperada llegada de la pandemia. Necesitamos aprender a vivir en este cambio trágico a la vez que creemos que incluso lo trágico tiene su lugar en la presencia de Dios. El agradecimiento y el lamento pueden existir juntos porque tenemos un Dios al que podemos clamar en medio de nuestro sufrimiento. Al igual que el salmista, podemos orar: "Vuélvete hacia mí, y tenme compasión; concédele tu fuerza a este siervo tuyo" (v. 16).

Oración

Oh Señor de misericordia, te damos gracias porque que eres Dios no solo en nuestras alegrías y victorias, sino también en nuestras tristezas y derrotas. Al hacerle frente hoy a nuestro mundo, concédenos un corazón indiviso para que, como el salmista, aprendamos no solo a bendecirte con todo nuestro ser (Sal 103), sino también a vocearte nuestros lamentos (Sal 102). Amén.

Un llamado a la virtud

Es en el contexto de las realidades que se han presentado en la pandemia que somos invitados a considerar y aplicar las propuestas de Chua, Oxenham y Naidoo con respecto a los alcances, los medios y los fines de la educación teológica. Basándose en el capítulo de Ho, Chua nos anima a aplicar la cosmovisión de lo sagrado y lo más sagrado a nuestra visión de la formación espiritual de los estudiantes y al tipo de ministerio, compromiso cultural y misión para los que están siendo preparados. Por su parte, Oxenham apuntala la importancia de la educación del carácter y la virtud como clave para el desarrollo integral de líderes cristianos y como una manera de impactar a la sociedad compartiendo ideas, conectando con una necesidad sentida, y viviendo las implicaciones éticas y morales del evangelio.

Un virus que no conoce fronteras geográficas, políticas, sociales, culturales o religiosas nos ha hecho dar cuenta que, para bien o para mal, todos estamos mucho más conectados de lo que imaginábamos. A la luz de la pandemia, el imperativo cristiano de amar a nuestro prójimo está expresado o negado por una acción tan simple como usar una mascarilla. Consideraciones éticas que parecían abstrusas, como favorecer la solidaridad por sobre el egocentrismo, demuestran tener consecuencias en el mundo real. En esta misma línea, los desafíos de Naidoo llevarán a los lectores a considerar la formación de la identidad como un aspecto vital de la formación para el ministerio, y a repensar cómo el discípulo y siervo cristiano se entiende a sí mismo y su papel en la sociedad en el contexto de las necesidades y oportunidades creadas por el coronavirus.

La pandemia ha provocado un renovado enfoque en el compromiso de la iglesia con la sociedad. Una de las cosas que ha hecho la pandemia en algunos países es exponer las debilidades del gobierno. Hay casos en los que, en lugar de centrarse en abordar el problema de la COVID-19, algunos líderes han utilizado la crisis para impulsar sus propios intereses egoístas. Este es el caso, por ejemplo,, en Filipinas, donde el gobierno priorizó la aprobación de una ley de Antiterrorismo —una ley que muchos filipinos sienten que aterrorizará a la gente común— en lugar de enfocarse en cómo abordar la crisis de salud. La pandemia ha hecho lo mismo con algunas de nuestras instituciones teológicas. Ahora estamos empezando a darnos cuenta de lo poco preparados que están algunas iglesias e instituciones teológicas para responder a la crisis que está ocurriendo ante nuestros propios ojos. Es el caso del presidente de un seminario que admite que no tenemos la menor idea de cómo responder a lo que está sucediendo en nuestro propio contexto. La pandemia también ha expuesto la capacidad, o incapacidad, de la iglesia y de las instituciones teológicas para relacionarse con la sociedad. Esto lleva el tema de este libro, la divisoria sagrado-secular, a un nuevo nivel de urgencia.

Oración

Padre de gracia, que examinas nuestros corazones y nos conoces profundamente, danos un entendimiento de la virtud que es dada por el Espíritu y que crece como fruto de un buen árbol. Ayúdanos a soportar pacientemente, a abrazar tu paz y a mostrar bondad no importa cuáles sean nuestras circunstancias. Ayuda a nuestras instituciones entre tanto se comprometen con la sociedad en este tiempo, como siervos y como vencedores. Refínanos personalmente, en nuestros ministerios y en nuestros seminarios. Amén.

Un llamado a la Iglesia

Contra este mismo telón de fondo, Reju y Tink, y Greene y Shaw desafían a los lectores a repensar los roles de la iglesia y de las instituciones teológicas en el desarrollo de iniciativas estratégicas que sirvan para equipar, empoderar y enviar discípulos para que cumplan sus diversos llamados y vocaciones como cristianos en sus ocupaciones diarias y sus vidas profesionales. Las perspectivas bíblicamente arraigadas de la teología del trabajo y el enfoque en un discipulado de toda la vida son de particular importancia para las iglesias y las instituciones teológicas en su trabajo conjunto de preparar a hombres y mujeres para el ministerio y la misión en el lugar de trabajo. Esta tarea vital requerirá mucha visión y creatividad en un momento en que muchos discípulos están trabajando desde su casa o con restricciones de distanciamiento social, o se han visto obligados a cambiar de trabajo o a encontrar nuevas formas de proveer para sus familias en condiciones de emergencia.

Una complemento importante de la creatividad es el discernimiento. ¿Qué es lo que Dios está tratando de decirle hoy a su iglesia? Como declara el salmista, "Si ustedes oyen hoy su voz, no endurezcan el corazón," (Sal 95:7–8). El Salmo 95 contiene algunas de las palabras más hermosas para la adoración: "Vengan, cantemos con júbilo al Señor; aclamemos a la roca de nuestra salvación" (v. 1). También articula algunas de las teologías más profundas, declarando que el Señor es "el gran Dios, que está por encima de todos los dioses" (v. 3), el Dios creador (v. 5) y el gran pastor de su pueblo (v. 7). Sin embargo, a pesar de todas estas verdades, Dios tuvo que advertir a su pueblo para que no sufriera el mismo juicio que experimentaron sus antepasados (vv. 9–11). ¡Que Dios nos dé un corazón con discernimiento, para escuchar lo que está diciendo!

Oración

Señor de sabiduría, humildemente reconocemos nuestra incapacidad para comprender tus caminos. No sabemos cuál es tu propósito con traer la pandemia a nuestro mundo. No entendemos cómo tanto sufrimiento y dolor pueden de repente sobrepasarnos. Nos sentimos abrumados. ¡Por favor ayúdanos! Pero más que esto, enséñanos a escuchar, a discernir lo que tu Espíritu nos está diciendo hoy. En Cristo nuestro Señor, Amén.

Un llamado desde el otro lado de la divisoria

Por último, el llamado y la invitación de Halliday a los educadores teológicos desde el otro lado de la divisoria académica son muy oportunas y merecen ser atendidas en los tiempos y las circunstancias extraordinarias en las que nos encontramos. Hay mucho trabajo por hacer, y hay oportunidades estratégicas para impactar en la cultura y orientar a la iglesia entretanto las sociedades, en todo el mundo y a todos los niveles, buscan respuestas a preguntas que la pandemia ha vuelto urgentes, preguntas para las cuales los equipos interdisciplinarios de teólogos y académicos cristianos están singularmente equipados para abordar.

La pandemia hace que el llamado a la actividad interdisciplinaria sea sumamente importante. Necesitamos todos los recursos que podamos reunir para abordar nuestra situación. Los expertos en el seminario deben asociarse con aquellos en las universidades o instituciones seculares para juntos enmarcar y formular respuestas a las muchas crisis que nos confrontan. Atrás quedan los días en que el erudito bíblico simplemente podía decir, "Mi preocupación es solo lo que el texto significaba". Porque, ¿para qué se escribió la Biblia si no para el entrenamiento para las buenas obras, que incluyen la creación de empleo y la promoción de la salud? Algunas de las disciplinas en las universidades seculares son buenas haciendo preguntas de "¿Qué?" y "¿Cómo?" La teología y la cosmovisión cristiana son necesarias para dar respuestas al "¿Por qué?".

Oración

"¿Por qué, Señor, te mantienes distante? ¿Por qué te escondes en momentos de angustia? (Sal 10:1). Hay tantas cosas que no entendemos. Algunos de nosotros estamos preguntando a: ¿Por qué tiene que ser la gente buena que sufre? ¿Por qué no los malvados? Nuestros corazones están con los vulnerables y los pobres entre nosotros. ¿Cómo pueden sobrevivir a esta pandemia? ¡Señor, úsanos! ¡Fortalécenos y empodéranos! Enséñanos a trabajar juntos por el bien de los débiles y los vulnerables. Más que nunca, la iglesia y las instituciones teológicas necesitan de tu gracia para continuar con su llamado. Concédenos la creatividad y el discernimiento para movernos donde tu Espíritu nos guie. Reconocemos que apartados de tu ayuda no podremos hacer nada. Tú eres nuestra esperanza. "Tú, Señor, escuchas la petición de los indefensos, les infundes aliento y atiendes a su clamor" (Sal 10:17). En Cristo nuestro Señor, oramos. Amén.

ICETE es una comunidad global, patrocinada por nueve redes regionales de instituciones teológicas, dedicada a fomentar la interacción y colaboración internacional entre todos aquellos que intervienen en el fortalecimiento y el desarrollo de la educación teológica evangélica y del liderazgo cristiano alrededor del mundo.

El propósito de ICETE es:
1. Promover el mejoramiento de la educación teológica evangélica alrededor del mundo.
2. Servir como foro para la interacción, asociación y colaboración entre quienes intervienen en la educación teológica evangélica y en el desarrollo de liderazgo evangélico, para su mutua asistencia, estimulación y enriquecimiento.
3. Ofrecer servicios de apoyo y asesoramiento para asociaciones regionales de instituciones evangélicas de educación teológica alrededor del mundo.
4. Facilitar, para las redes regionales, la promoción de sus servicios entre las instituciones evangélicas de educación teológica dentro de sus regiones.

Las asociaciones patrocinadoras incluyen:

África: Association for Christian Theological Education in Africa (ACTEA)

Asia: Asia Theological Association (ATA)

Caribe: Caribbean Evangelical Theological Association (CETA)

Europa: European Evangelical Accrediting Association (EEAA)

Euro-Asia: Euro-Asian Accrediting Association (E-AAA)

América Latina: Asociación Evangélica de Educación Teológica en América Latina (AETAL)

Medio Oriente y Norte de África: Middle East Association for Theological Education (MEATE)

América del Norte: Association for Biblical Higher Education (ABHE)

Pacífic-Sur: South Pacific Association of Evangelical Colleges (SPAEC)

www.icete-edu.org

Langham Literature y sus sellos editoriales son parte del ministerio de
Langham Partnership.

Langham Partnership es un comunidad global que trabaja para actualizar la visión que el Señor confió a su fundador John Stott – la visión de

facilitar el crecimiento de la iglesia en madurez y en semejanza al carácter de Cristo por medio de la mejora de los estándares de la predicación y la enseñanza bíblicas.

Nuestra visión es que las iglesias del mundo mayoritario sean equipadas para la misión y crezcan hacia la madurez en Cristo por medio del ministerio de pastores y líderes que creen, enseñan y viven de acuerdo a la Palabra de Dios.

Nuestra misión es fortalecer el ministerio de la Palabra de Dios:
- fortaleciendo movimientos nacionales de predicación bíblica
- favoreciendo la creación y distribución de literatura evangélica
- elevando el nivel de la educación teológica evangélica, especialmente en países donde las iglesias carecen de recursos.

Nuestro ministerio

Langham Preaching se asocia con líderes nacionales que estimulan movimientos locales de predicación bíblica para pastores y predicadores laicos en el mundo entero. Con el apoyo de un equipo de capacitadores provenientes de diversos países, se desarrolla un programa de talleres a diversos niveles que proveen capacitación práctica, seguido de un programa que busca formar facilitadores locales. Los grupos locales de predicación (escuelas de expositores), que son redes nacionales y regionales, se encargan de dar continuidad a los programas y de impulsar su desarrollo con el fin de construir un movimiento sólido y comprometido con la exposición bíblica.

Langham Literature provee a los pastores, académicos y seminarios del mundo mayoritario libros evangélicos y recursos electrónicos mediante su publicación y distribución, y por medio de becas y descuentos. El programa también auspicia la producción de literatura evangélica autóctona en diversos idiomas mediante becas para escritores, con apoyos para casas editoriales evangélicas, y por medio de la inversión en proyectos importantes de literatura en las regiones, como por ejemplo los comentarios bíblicos a un solo volumen como el *Africa Bible Commentary* (Comentario Bíblico Africano) y el *South Asia Bible Commentary* (Comentario Bíblico del Sureste Asiático).

Langham Scholars provee respaldo económico para estudiantes evangélicos del mundo mayoritario a nivel doctorado, de modo que, cuando regresen a su país de origen, puedan formar a pastores y a otros líderes cristianos por medio de la enseñanza bíblica y teológica. Este programa forma a los que más adelante formarán a otros. Langham Scholars también trabaja en colaboración con seminarios del mundo mayoritario para fortalecer la educación teológica evangélica. Un número creciente de becados de Langham estudia programas doctorales de alta calidad en instituciones del mundo mayoritario. Además de enseñar a una nueva generación de pastores, los graduados del programa de becas Langham ejercen una influencia considerable a través de sus escritos y su liderazgo.

Para conocer más acerca de Langham Partnership y el trabajo que realizamos visita **langham.org**

www.ingramcontent.com/pod-product-compliance
Lightning Source LLC
Chambersburg PA
CBHW070844160426
43192CB00012B/2301